Die schwarze, etwas abgewetzte Aktentasche begleitet Papst Franziskus auf allen Reisen. Von einem Reporter gefragt, was sich denn darin befindet, meint er verschmitzt: „Es war nicht der Schlüssel für die Atombombe darin!“, sondern „der Rasierapparat, das Brevier, der Terminkalender, ein Buch zum Lesen …“

Die jungen Eheleute Pepita und Spillo arbeiten als Clowns in Krankenhäusern, wo sie vor allem schwerkranken Kindern ein paar unbeschwerte Stunden bescheren. Als sie Papst Franziskus bei einer Generalaudienz persönlich treffen, berichten sie von ihrem Engagement und bringen ihm gleich eine Clownsnase mit. Franziskus zögert keinen Augenblick und setzt sie auf.

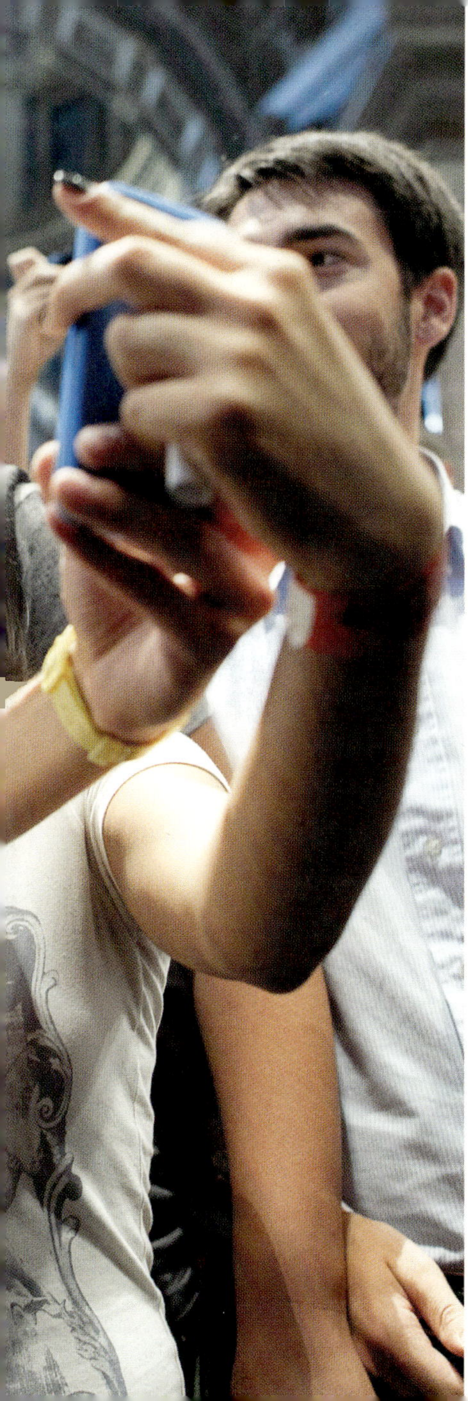

Selfies – Schnappschüsse mit dem Smartphone – sind gerade bei Jugendlichen beliebt. Meist werden sie bei Facebook oder auf Internetblogs hochgeladen. „Hier bin ich mit dem Papst“ ist allerdings eine etwas ungewöhnliche Nachricht. Franziskus hat offensichtlich keine Berührungsängste. Ungezwungen lässt er sich fürs Selfie mit jungen Italienern ablichten.

„La mucca" (die Kuh) nennen die Italiener den Renault 4 liebevoll. Besonders elegant ist der „neue" Dienstwagen von Papst Franziskus wirklich nicht. Der beinahe 30 Jahre alte Wagen ist ein Geschenk des Dorfpfarrers Renzo Zocca. Dieser preist seinen Renault als sehr zuverlässig;

deswegen wolle er ihn an den Papst weitergeben. Franziskus setzt sich ans Steuer und ist zufrieden. Ein paar Tage später fährt er mit der „Kuh“ zum Friedensgebet für Syrien.

„Der Hirte muss riechen wie seine Schafe“, ist ein bekannter Ausspruch von Papst Franziskus. Eigentlich meint er damit, Pfarrer (und Päpste) sollen sich aus den Kirchen hinausbegeben, um die Menschen draußen aufzusuchen. Kurz nach Weihnachten hat er aber

Gelegenheit, diese Forderung selbst ganz wortwörtlich zu erfüllen: beim Besuch einer Lebendkrippe in Rom unterhält er sich mit den Darstellern, streichelt die Tiere und lernt ein flauschiges Schaf hautnah kennen.

Beim Familientreffen auf dem Petersplatz Ende Oktober 2013 weicht ein Junge Papst Franziskus nicht von der Seite. Mitarbeiter versuchen zwar, ihn von der Bühne zu locken, aber der sechsjährige Carlos lässt sich davon nicht beeindrucken, umarmt den Papst bei einer Rede und nimmt sogar auf dessen Stuhl Platz. Franziskus nimmt's gelassen.

Es ist eines der stärksten Bilder von seiner Reise ins Heilige Land: Auf dem Weg zum Krippenplatz in Bethlehem verlässt Papst Franziskus spontan seinen Wagen, um an einer mit Stacheldraht bewehrten Mauer, die Israel von den Palästinensergebieten trennt, still zu beten. Rechts im Bild ist ein Wachturm zu sehen.

Bethlehem

Jeder ist ein Sünder und braucht die Beichte, auch der Papst – das sagt Franziskus immer wieder. Besonders eindrücklich demonstriert er das am 28. März 2014. Bei einer Buß-Aktion im Petersdom nimmt er zusammen mit anderen Priestern den Gläubigen die Beichte ab. Zuvor aber beichtet er selbst – öffentlich.

Für einige Tage ziert dieses Graffito vom “Superpapst” eine Hauswand in Rom. Geschaffen hat es der Straßenkünstler Maupal; in der Aktentasche hat sein Superpapst „valores“ (spanisch für Werte) dabei. Franziskus selbst ist nicht sonderlich begeistert. Er sei kein Superman, sagt er in einem Interview, sondern ein ganz normaler Mensch, der mal lacht und mal weint.

Frischer Wind im Vatikan

Frischer Wind im Vatikan

FRANZISKUS –
NEUE ANEKDOTEN

benno

Fotonachweis
Cover, S. 1, 3-9: © picture alliance / dpa
S. 2: © Fotografia Felici

Bibliografische Information der Deutschen Nationalbibliothek
Die Deutsche Nationalbibliothek verzeichnet diese Publikation in der Deutschen Nationalbibliografie; detaillierte bibliografische Daten sind im Internet über http://dnb.d-nb.de abrufbar.

ISBN 978-3-7462-4163-0

Text: Stefanie Boden, Leipzig
Umschlaggestaltung: Ulrike Vetter, Leipzig
Gesamtherstellung: Kontext, Lemsel (A)

Inhalt

I. Zwischen Rio und Rom

„Franziskus hat bei allem, was er tut und sagt, Rückenwind. Seine Herzlichkeit ist echt und keine strategische Aktion."

Georg Gänswein

„Die Bewegungen dieses Papstes sind überraschend, sein Handeln scheint unvorhersehbar, er bricht mit Gewohntem. ... Er tritt in einen sehr offenen Dialog mit den Gläubigen und spricht sie direkt an, herzlich und unverstellt."

Martina Gedeck, Schauspielerin

„Papst Franziskus ist ein Geschenk Gottes für die Kirche dieser Zeit. Er will eine Kirche, die die Fenster und die Türen aufmacht. Schon nach kurzer Zeit hat er die Atmosphäre in der Kirche verändert, frische Luft hereingelassen."

Kardinal Walter Kasper

Der Franziskus-Effekt

„Eine Art Papstwunder" nennt es der ehemalige bayerische Kultusminister Hans Maier. Andere sprechen vom „Franziskus-Effekt". Die weltweite Begeisterung für den Papst aus Argentinien ist riesig. Das zeigt sich nicht nur im Besucheransturm auf den Vatikan. Einer Studie des Religionssoziologen Massimo Introvigne zufolge zieht Franziskus die Menschen auch verstärkt in die Kirchen und zur Beichte. Dieser Effekt ist in über der Hälfte der katholischen Gemeinden Italiens spürbar. Dass sich allein in Italien Hunderttausende Menschen angeregt durch Franziskus wieder der Kirche nähern, bezeichnet Introvigne als „massiven und sogar spektakulären Effekt".

Neue Leidenschaft

Weggefährten, die Bergoglio als Erzbischof von Buenos Aires kannten und ihn jetzt als Papst erleben, bemerken oft, er habe seit seiner Wahl zum Papst neue Energie, wirke geradezu verjüngt. Auch Óscar Andrés Rodríguez Maradiaga, einer der acht Kardinäle, die den Papst bei der Reform der Kurie beraten, nimmt diese Veränderung wahr: „Die neue Perspektive hat ihm eine neue Leidenschaft verliehen“, sagt der Kardinal aus Honduras.

Als Erzbischof von Buenos Aires hatte Bergoglio bereits Pläne für seinen Ruhestand geschmiedet. Mit 75 Jahren muss jeder Bischof dem Papst seinen Rücktritt anbieten, den dieser annehmen oder ablehnen kann. Bergoglios Schreiben an Papst Benedikt XVI. war vor dem Konklave 2013 längst in Rom. Damals zu seinen Plänen für den Ruhestand befragt, erklärte er: „Ich möchte die Doktorarbeit zu Ende bringen, die bislang noch unvollendet geblieben ist, in Gemeinschaft mit den anderen Priestern wohnen und weiter im Stadtviertel Flores tätig sein“.

Die Pläne für seine Doktorarbeit hatten Bergoglio Mitte der 80er Jahre schon bei seinem Studienaufenthalt an der Jesuitenhochschule Sankt Georgen in Frankfurt beschäftigt. Inzwischen hat er diese Arbeit wohl zu den Akten gelegt, denn es gibt viel zu tun, das dringlicher ist. Bei der Erledigung dieser Aufgaben erlebt Kardinal Rodríguez Maradiaga den Papst „voller Enthusiasmus“.

Brief an ein kleines Mädchen

Unüberschaubar ist der Postberg aus aller Welt, der an den Papst adressiert täglich im Vatikan eintrifft. Kaum vorstellbar, dass tatsächlich alle Briefe gelesen oder gar beantwortet werden. Wie vielen Menschen genau Franziskus Briefe schreibt, ist zwar nicht bekannt. Die jüngste Adressatin ist aber mit großer Wahrscheinlichkeit Alice Maria Rocca, ein dreijähriges Mädchen. Die kleine Alice hatte den Briefwechsel selbst angefangen: mit Hilfe ihrer Großmutter hatte sie Franziskus in einem Brief um seinen Segen für sich, ihre Familie und ihre Freunde im Kindergarten gebeten.
Einige Zeit darauf kommt zur großen Überraschung der Familie Rocca tatsächlich Antwort aus dem Vatikan. In dem Brief heißt es: „Der Heilige Vater dankt dir für deinen Brief und ruft den heiligen Johannes XXIII. um Fürsprache für dich an, auf dass deine Freundschaft mit Jesus freudig und glücklich anwachsen möge. Er bittet dich, für ihn zu beten. Von Herzen erteilt er dir, deinen Eltern und deiner Großmutter den päpstlichen Segen, der auch für diejenigen gilt, die dir nahe stehen, besonders deine Kindergärtnerinnen und Freunde."

Verkehrschaos in Rio

Seine erste Auslandsreise führt Papst Franziskus beinahe in seine Heimat: nach Brasilien zum Weltjugendtag. Die Begeisterung für den Papst, der erst wenige Monate im Amt ist und schon viel von sich reden macht, ist groß. Für die Sicherheitskräfte wird es allerdings schwierig, denn Franziskus besteht darauf, ein „Papst zum Anfassen" zu sein. Er mag nicht auf Distanz zu den Menschen gehen. Als er vom Flughafen kommt, fährt er deshalb in einem ungepanzerten Kleinwagen, einem Fiat, Richtung Stadtzentrum. An einer Stelle ordnet sich der Fahrer falsch ein. Statt auf der extra für den Papst gesperrten linken Fahrspur landet der Fiat mitten im dichtesten Verkehr, bleibt immer wieder stecken und Hunderte Menschen bestürmen den Wagen. Es kommt zu tumultartigen Szenen, aber Franziskus bleibt gelassen. Er kurbelt sogar das Fenster herunter, um Hände zu schütteln. „Sein Sekretär hatte Angst, aber der Papst war glücklich", meint Vatikansprecher Federico Lombardi und gibt zu: „Das alles ist neu für uns."

In den Armenvierteln

Beim Weltjugendtag macht Franziskus mit seiner Hinwendung zu den Armen und an den Rand Gedrängten ernst. Schon bei seiner Ankunft im Marienwallfahrtsort Aparecida wird das deutlich: Als er aus dem Hubschrauber steigt, wendet er sich nicht etwa als Erstes den versammelten Würdenträgern, Politikern und Ehrengästen zu, sondern begrüßt zunächst einmal die Menschen, die hinter der Absperrung stehen, spricht mit ihnen und schüttelt Hände. Die Menschen in der hinteren Reihe sind so auf einmal dem Papst viel näher als die in der ersten Reihe.

Der Besuch einer Favela, eines Armenviertels ist Franziskus besonders wichtig, auf seinen ausdrücklichen Wunsch mit direktem Kontakt zu den Bewohnern. In den Straßen des berüchtigten Viertels Varginha fühlt er sich anscheinend wohl. Die Favelas hat er auch als Erzbischof in Buenos Aires regelmäßig besucht. Bevor er hier den Altar einer kleinen Kapelle weiht, besucht er die Familie des Elektrikers Manoel Penha in ihrem einfachen Zuhause.

Hadern mit der Sicherheit

Seit dem Attentat auf Johannes Paul II. im Jahr 1981 sind sämtliche Papamobile gepanzert. Auch der Glasaufbau – wenn er ihn denn will – schützt den Papst vor Schüssen. Franziskus will den Glaskasten nicht. „Ich habe mir das Papamobil angesehen, und es war verglast", sagt er in einem Interview. „Niemand kann seine Freunde in einer Glaskiste besuchen."

Irgendwie arrangiert man sich zwar: Franziskus fährt nach der heiklen Fiat-Tour im offenen Papamobil, und auf die Sicherheit wird stärker geachtet. Aber bei der Begegnung mit argentinischen Jugendlichen am 25. Juli 2013 sagt er: „Es tut mir leid, dass ihr so eingepfercht seid, aber ich sage euch etwas: Auch ich erlebe gelegentlich, wie schlimm es ist, eingesperrt zu sein. ... Mir hätte es gefallen, euch näher zu sein, aber ich verstehe, dass es aus Gründen der Sicherheit nicht möglich ist." Eine so deutliche Klage ist selten von ihm zu hören.

Am Ende des Weltjugendtages zieht er dann aber doch eine positive Bilanz: „Sicherheit hier, Sicherheit da ... es hat in diesen Tagen in ganz Rio de Janeiro keinen einzigen Zwischenfall gegeben, und alles war spontan. ... Es stimmt, immer besteht die Gefahr, dass da ein Verrückter ist, der irgendetwas tut; aber auch der Herr ist da! Doch einen Raum der Panzerung zwischen dem Bischof und dem Volk zu schaffen, das ist ein Wahnsinn, und ich ziehe diese Verrücktheit vor: hinaus und die Gefahr der anderen Verrücktheit eingehen ... Die Nähe tut allen gut."

Gott ist Brasilianer

Ein brasilianisches Sprichwort lautet: „Deus é Brasileiro" („Gott ist Brasilianer"). Einerseits ein Indiz dafür, wie stolz die Brasilianer auf ihre Heimat sind. Andererseits aber auch ein selbstbewusster Hinweis darauf, dass Brasilien statistisch gesehen das größte katholische Land der Welt ist. Während des Pontifikats von Johannes Paul II., der sich selbst mehrmals als Brasilianer bezeichnete, wurde dieses Sprichwort etwas abgeändert: „Deus é Brasileiro – o Papa também" („Gott ist Brasilianer – und der Papst auch").
Als nun Franziskus in einem Interview mit dem brasilianischen Fernsehsender TV Globo nach der Rivalität zwischen Brasilien und Argentinien gefragt wird, reagiert er mit Humor: „Wir haben das gut verhandelt: Der Papst ist Argentinier, Gott ein Brasilianer."

Verkündigung im Land des Fußballs

Brasilien ist das Land, das bisher die meisten WM-Titel holte und die meisten internationalen Starkicker hervorbrachte. Nirgends auf der Welt spielt der Fußball eine größere Rolle als hier. Kurz: Brasilien ist das Land des Fußballs. Franziskus, der selbst begeisterter Anhänger des Fußballspiels ist, schlägt hier überraschend sportliche Töne an. „Jesus bietet uns etwas Größeres als den Weltcup!“, ruft er den Jugendlichen bei der Vigilfeier zu und vergleicht das Leben mit einem Fußballspiel, bei dem Jesus uns bittet, in seiner Mannschaft zu spielen. Konsequenterweise gehört dazu auch das Training. Und was sollen die Jugendlichen trainieren, um „in Form zu bleiben“? – Das Beten, das Gespräch mit Jesus. Die Aufmerksamkeit seiner jungen Zuhörer ist Franziskus bei dieser Ansprache sicher!

Sympathie für Demonstranten

Schon Wochen vor dem Weltjugendtag kommt es in Brasilien zu Massenprotesten. Viele Menschen gehen auf die Straße und fordern Reformen. Die zunächst friedlichen Proteste eskalieren, auch noch während des Weltjugendtags. Als Franziskus in dem Interview mit TV Globo nach diesen Protesten gefragt wird, bekundet er Sympathie. Zwar gibt er zu, die Hintergründe der Proteste nicht genau zu kennen, deswegen könne er nichts Konkretes dazu sagen, aber: „Ich mag keinen Jugendlichen, der nicht protestiert“. Es sei ganz normal und gut, dass Jugendliche mit dem Bestehenden nicht einverstanden sind, denn Jugendliche leben von Träumen und Utopien, und das bedeute, „zu atmen und nach vorn zu schauen“. Jugendliche dürfen nicht an den Rand gedrängt werden, so Franziskus, sondern man müsse sie anhören.

Dem Dauerregen trotzen

Im subtropischen Rio de Janeiro sind ausgiebige Regenschauer im Sommer ganz normal. Auch beim Weltjugendtag heißt es regelmäßig „Land unter“. Sogar die riesige Abschlussmesse muss kurzfristig verlegt werden. Sie findet nicht auf dem aufwändig ausgebauten „Campus Fidei“ (Feld des Glaubens) 50 Kilometer außerhalb Rios statt, sondern an der Copacabana. Das scheint aber weder die Jugendlichen noch den Papst zu stören. „Euer Glaube ist stärker als der Regen“, ruft Franziskus den Menschen zu, und baut die Planänderung in Sachen Campus Fidei, das inzwischen einem Schlammloch gleicht, geschickt in seine Ansprache bei der Vigilfeier ein: „Will uns der Herr nicht vielleicht sagen, dass das wahre Feld des Glaubens, der wahre ‚Campus Fidei' nicht ein geographischer Ort ist, sondern wir selbst?"

Franziskus verschenkt Baby-Schuhe

Dass sich der frühere Erzbischof von Buenos Aires und die argentinische Präsidentin nicht eben grün sind, ist allgemein bekannt. Zu oft hatte Bergoglio Cristina Fernández de Kirchners Politik kritisiert. Die Präsidentin, der Machtmissbrauch vorgeworfen wird, hatte gar vor dem Konklave unter den Kardinälen Stimmung gegen Bergoglio gemacht. Überraschenderweise ist das erste Staatsoberhaupt, das Franziskus nach seinem Amtsantritt zu einer Privataudienz empfängt, die argentinische Präsidentin. Das Treffen mit Gespräch und gemeinsamem Mittagessen kommt auf Initiative von Franziskus zustande.
Auch beim Weltjugendtag treffen die beiden aufeinander. Wie viele ihrer Landsleute macht sich

Cristina Fernández de Kirchner ins Nachbarland Brasilien auf. Und nun scheint das Eis endgültig gebrochen: Franziskus schenkt ihr ein Paar weiße Baby-Schuhe für ihr erstes Enkelkind Néstor Iván, das zwei Wochen zuvor geboren wurde. Die Staatschefin ist sichtlich gerührt.

Wenn Träume wahr werden

Der Weltjugendtag in Rio de Janeiro ist gerade glücklich zu Ende gegangen, da sorgt Franziskus noch einmal für Wirbel. In den nächsten Tagen sind die Zeitungen voll davon und die mitgereisten Journalisten schwärmen: Ein Traum ist wahr geworden. Einmal den Papst alles „frei von der Leber weg" fragen dürfen. Beim Rückflug nach Rom wird es Wirklichkeit. Die Journalisten nutzen die Chance und fragen alles, was ihnen einfällt: nach den Reformen, die Franziskus plant, nach dem Gerücht über homosexuelle Seilschaften im Vatikan, nach der Möglichkeit zur Frauenordination ... sogar nach dem Inhalt seiner schwarzen Aktentasche wird er gefragt. Franziskus antwortet verschmitzt: „Es war nicht der Schlüssel für die Atombombe darin! ... Und was ist darin? Der Rasierapparat, das Brevier, der Terminkalender, ein Buch zum Lesen – ich habe eines über die heilige Teresina mitgenommen, die ich verehre." Auch die übrigen Fragen beantwortet er offen und geduldig über eine Stunde lang, bis er schließlich allen eine gute Nacht wünscht.

Hostien aus dem Knast

Bei den Morgenmessen verwendet Franziskus Hostien, die in einem Frauengefängnis in Buenos Aires hergestellt werden. Traditionell werden Hostien in Klöstern produziert, so auch von den Benediktinerinnen aus San Isidoro, einem Vorort von Buenos Aires. Die hatten die Idee, die weiblichen Gefangenen der nahegelegenen Strafanstalt San Martín in die Hostienherstellung einzubeziehen.
Als besonderes Talent erweist sich dabei die 38-jährige Gabriela Caballero. Ihre Hostien werden in verschiedenen Gemeinden der Diözese San Isidoro verwendet. Die Aufgabe gibt ihrem Leben einen neuen Sinn; sie leidet weniger unter depressiven Phasen, wie der Gefängnisseelsorger beobachtet. Der Ortsbischof Óscar Vicente Ojea Quintana bringt Franziskus bei einem Rombesuch ein Päckchen Hostien, einen Brief der Bäckerin und Fotos von ihr während des Hostienbackens mit. Dieser ist so berührt, dass er sofort zurückschreibt:

„Liebe Gabriela, Msgr. Ojea hat mir Ihren Brief gebracht. Ich danke Ihnen für Ihr Vertrauen ... und für die Hostien. Ab morgen werde ich mit ihnen die heilige Messe feiern und ich versichere Ihnen, dass mich das bewegt.“ Weiter verspricht er, für sie zu beten und bedankt sich für die Fotos: „Ich werde sie auf meinem Schreibtisch vor mir aufstellen. Möge Jesus Sie segnen und die allerseligste Jungfrau sich Ihrer annehmen. Herzlich, Franziskus.“ Gabriela ist glücklich: „Ich weiß jetzt, dass man Papst Franziskus sogar von der Gefängniszelle aus erreichen kann.“

Geständnis eines Bankräubers

In Bochum bringt der „Franziskus-Effekt“ einen Bankräuber dazu, seine Taten zu gestehen. 1998 hatte der Italiener zwei Überfälle auf die Sparkasse Herne verübt. Nun, 15 Jahre später, bewegt ihn das Auftreten von Papst Franziskus dazu, sich der Polizei zu stellen. „Ein guter Mensch sollte, bevor er stirbt, gereinigt sein“, sagt er im Bochumer Landgericht. Die Erinnerung an seine Taten seien für ihn „eine große Belastung“, die mit der Zeit nicht geringer werde. Verurteilt wird er zu fünf Jahren und zwei Monaten Haft – genug Zeit für eine gründliche „Reinigung“.

Ein Fußballspiel für den Papst

Es ist ein ungewöhnlicher Anblick, der sich am 13. August 2013 im vatikanischen Clementina-Saal bietet: Da sitzen die Fußballnationalmannschaften von Italien und Argentinien, unter ihnen Weltstars wie Lionel Messi, einträchtig nebeneinander und hören gebannt Papst Franziskus zu. Anlass ist ein Freundschaftsspiel zwischen beiden Mannschaften, das am nächsten Tag zu Ehren des Papstes stattfindet. Der fußballbegeisterte Pontifex hat die beiden Mannschaften vorher zu einer Privataudienz eingeladen. Er bittet die Spieler, fair zu sein und sich ihrer Verantwortung als Stars bewusst zu sein. Für viele Menschen seien sie Vorbild, daraus sollen sie etwas machen: „Ich zähle auf all das Gute, das Sie unter der Jugend bewirken können." An die Manager gewandt beklagte Franziskus, der Fußball sei zu einem Geschäft geworden. Ein besonderes Geschenk haben die beiden Mannschaften auch dabei: einen Olivenbaum als Friedenszeichen. Der soll nach dem Spiel in die vatikanischen Gärten gepflanzt werden. Italiens Torhüter Gianluigi Buffon ist beeindruckt von Franziskus: „Mit so einem Papst ist es einfacher, sich zu bessern."

Italien – Argentinien 1:2

Ein Fußballspiel Italien gegen Argentinien für einen Argentinier mit italienischen Wurzeln: Wem drückt dieser besondere Fußballfan da die Daumen? „Es wird mir etwas schwer fallen, für eine der beiden Mannschaften zu sein, aber zum Glück ist das ja ein Freundschaftsspiel", sagt Franziskus bei der Audienz mit den Spielern und kommt so einigermaßen geschickt um eine Parteinahme herum. P. Bernd Hagenkord, der für Radio Vatikan die Audienz live mithören kann, schätzt es so ein: „Das ist, glaube ich, auch ein bisschen diplomatisch ausgedrückt. Es würde mich schon sehr wundern, wenn er nicht Argentinien die Daumen drücken würde." Das Daumendrücken hilft: Am 14. August 2013 siegt Argentinien gegen Italien 2:1.

Mit dem Papst per Du

Der 19-jährige Student Stefano Cabizza glaubt erst, sich verhört zu haben, als sein Telefon klingelt und eine Stimme mit spanischem Akzent sagt: „Hallo, hier ist Papst Franziskus", und ihm gleich darauf das Du anbietet. Schließlich haben Jesus und die

Apostel sich auch geduzt, denn „sie waren Freunde, so wie wir jetzt auch Freunde sind. Und ich duze meine Freunde." Cabizza, der in der Nähe von Padua in Norditalien Ingenieurwesen studiert, hatte eine Woche zuvor einen Brief an Franziskus geschrieben, in dem er von seinen Hoffnungen und Sorgen berichtet, einen Job zu finden. Diesen Brief vertraut er nach der Papstmesse am 15. August 2013 in Castel Gandolfo einem Kardinal an, der ihn an das Kirchenoberhaupt weiterreicht. Mit einer Antwort, noch dazu so schnell und per Telefon, rechnet Stefano da aber nicht. Und worüber haben die beiden am Telefon geredet? „Wir haben acht Minuten lang gelacht und Witze gemacht. Er hat mich gesegnet, und ich spürte eine große Stärke in mir erwachen."

Ein geheimnisvoller Koffer

An einem Samstag Ende August bekommt Franziskus Besuch von einem alten Bekannten: José Maria di Paola kennt er schon seit seiner Zeit als Erzbischof von Buenos Aires. „Padre Pepe", wie der 51-Jährige mit dem wachen Blick genannt wird, ist einer der Priester, die Bergoglio in die Armenviertel der Metropole gesandt hat, wobei der Erz-

bischof, wie Padre Pepe betont, selbst regelmäßig dabei war. Eine Sache, die Padre Pepe von Bergoglio gelernt hat, ist der direkte und individuelle Umgang mit den Menschen, weil jeder seine eigene Geschichte habe und nicht das gleiche Rezept für alle funktioniere.
Zu seinem Besuch nimmt er einen besonders schweren Koffer mit, muss am Flughafen sogar Übergepäck bezahlen. Was sich darin befindet? Zahlreiche Geschenke, zu segnende Rosenkränze und Briefe von den Bewohnern der Armenviertel. Zwei stammen von ehemaligen Drogenabhängigen, die Franziskus gut kennt. Am Gründonnerstag 2008 hatte er ihnen die Füße gewaschen, und in seinem Büro hingen sogar Fotos von ihnen. Als geradezu „verjüngt" erlebt Padre Pepe seinen ehemaligen Erzbischof. Sein Fazit: Am besten unterstütze er den Papst, indem er seine Arbeit bei den Ärmsten wie bisher weiter tue.

„Erst zuhören, dann reden."

Mit Jugendlichen ist Franziskus gern zusammen, und zu Japan hat er sowieso einen guten Draht. Immerhin war der Wunsch, Missionar in Japan zu werden, einer der Gründe für seinen Eintritt in den Jesuitenorden. So verwundert es nicht, dass die Stimmung am 21. August 2013 hervorragend ist: Franziskus trifft 200 Schüler aus Tokio. Über die fernöstlichen Klänge im Damasushof – die 15-Jährigen singen für ihn ein japanisches Lied – freut er sich besonders und bedauert gleichzeitig, dass er sich nicht revanchieren kann, aber „ich kann leider nicht singen". Dann ermutigt er die Schüler, offen auf andere Kulturen und Religionen zuzugehen, denn in der Begegnung mit anderen wachse man. Außerdem sei der Dialog wichtig für den Frieden, im Großen wie im Kleinen. „Wenn es ein Problem gibt – Dialog." Ein gutes Rezept dafür gibt er den jungen Leuten auch gleich mit auf den Weg: „Erst zuhören, dann reden."

Ungewöhnlicher Schnappschuss

Ende August 2013 geht ein Foto um die Welt, das einiges Aufsehen erregt: Ein mit einem Smartphone aufgenommenes Selbstporträt, „Selfie" genannt, wie Jugendliche es gern von sich machen. Darauf zu sehen: eine Gruppe junger Leute und der Papst. Etwas verwackelt und amateurhaft, wie das für diese Art Schnappschuss typisch ist. Die Jugendlichen aus Norditalien waren bei einem Treffen mit

dem Papst im Petersdom dabei und sprachen ihn nach der Veranstaltung an. Als sie das Foto später bei Facebook veröffentlichen, verbreitet es sich in kurzer Zeit überall im Internet.
Natürlich wird Franziskus ständig fotografiert, auch per Handy. Aber dass ein Papst derart unkonventionell für ein Foto mit Jugendlichen posiert, ist ungewöhnlich. Franziskus ist ein „Papst zum Anfassen", nahbar und unkompliziert. Das ist keine Rolle, die er spielt, wenn es ihm angebracht scheint, sondern das ist tatsächlich seine Art. Er möchte bei den Menschen sein.

Neue „Nummer zwei" im Vatikan

Mit Spannung war sie erwartet worden: die bisher wichtigste Personalentscheidung des Papstes. Schließlich ist der Kardinalstaatssekretär eine Art Regierungschef und gilt als zweitwichtigster Mann im Vatikan. Als Kardinal Pietro Paolin von seiner Ernennung für dieses Amt erfährt, ist er überrascht und dankbar. „Meine Kräfte sind schwach und meine Fähigkeiten beschränkt", gibt er zu bedenken. Das sehen Weggefährten anders. Sie kennen den Norditaliener als erfahrenen Diplomaten mit einem Händchen für Verhandlungen. Als

„arbeitsam und liebenswürdig“ beschreibt ihn Kurienkardinal Jean-Louis Tauran, und außerdem sei er mit 58 Jahren noch jung.
Paolin gilt als Experte für Lateinamerika, Asien und Afrika. Seit 2009 war er Vatikanbotschafter in Venezuela und davor vatikanischer Vize-Außenminister. Auch in seiner norditalienischen Heimatdiözese Vicenza ist die Freude über die Ernennung groß, wie man am Läuten zahlreicher Kirchenglocken hören kann.

II. Franziskus – ein „Superpapst“?

„Ich halte Papst Franziskus für einen außergewöhnlich aufmerksamen und seelenvollen Boten des Friedens und der Gerechtigkeit.“

Barack Obama

„Dieser Papst ist wirklich ein Glücksfall – und eine große Herausforderung!“

Kardinal Christoph Schönborn

„Beten wir, dass dieser Papst erreicht, was er sich vorgenommen hat.“

Nikolaus Schneider, EKD-Ratsvorsitzender

Brief an Nichtglaubende

Dialog ist eines der Schlüsselwörter von Papst Franziskus. Der Dialog ist für ihn der Weg des Friedens, der Türen öffnet und Mauern niederreißt. Und so zögert er selbst nicht, Einladungen zum Dialog – oder etwas, das sich als Einladung auffassen lässt – sofort anzunehmen. Wie etwa einen Artikel, den der Journalist Eugenio Scalfari in der von ihm gegründeten linksliberalen Zeitung „La Repubblica" veröffentlicht. Der Titel: „Fragen eines Nichtglaubenden an den Jesuitenpapst, der sich Franziskus nennt". Scalfari ist einer der bekanntesten Kirchenkritiker Italiens, aber das schreckt Franziskus nicht ab. „Nun ist die Zeit gekommen", schreibt der Papst, „für einen offenen Dialog ohne Vorurteile", und beantwortet die Fragen aus Scalfaris Artikel zu Glauben und Kirche. Aufsehen erregt dabei der Satz, dass es die absolute Wahrheit nicht gibt, sondern dass die Wahrheit nur als Weg erlebt werden kann.

Frieden für Syrien!

Als sich im Herbst 2013 der Syrien-Konflikt zuspitzt und ein Militärschlag der USA droht, ruft Franziskus zu einer zentralen Gebetswache für den Frieden auf. Es ist eine kurzentschlossene Aktion, wie sie es zuvor noch nicht gegeben hat. Nur wenige Tage vorher kündigt er an, der 7. September solle ein „besonderer Tag des Fastens und Betens für den Frieden" sein, und ruft die ganze Kirche, aber auch Nichtchristen dazu auf, sich daran zu beteiligen.

Am Samstagabend drängen sich dann Zehntausende auf dem Petersplatz. Krieg könne niemals eine Lösung sein, sagt Franziskus und fordert „Vergebung, Dialog, Versöhnung" für die „geliebte syrische Nation". Eine besonders eindrückliche Geste: Nach jedem Gebetsteil legen Menschen aus einem anderen Land Weihrauch auf die Rauchpfanne: Sie kommen aus Syrien, Ägypten, Israel, den USA und Russland. Die Gebetswache dauert den ganzen Samstagabend an – vier Stunden lang – und ist damit wohl die längste päpstliche Zeremonie seit Jahrzehnten.

„Ein Samenkorn der Hoffnung“

Ausdrücklich lädt Franziskus nicht nur Christen, sondern „alle Menschen guten Willens“ zum Friedensgebet für Syrien ein. Gerade in Syrien selbst ist das Echo auf diesen Aufruf riesengroß. Muslime versammeln sich in verschiedenen Moscheen zum Friedensgebet. Der syrische Großmufti Ahmad Badreddin Hassou äußert spontan gar den Wunsch, nach Rom zu reisen, um mit dem Papst gemeinsam zu beten. Angesichts der angespannten Lage kann er diesen Wunsch zwar nicht verwirklichen, betet aber in der Umayyaden-Moschee in Damaskus zusammen mit Muslimen und Christen.

Auch in der Kathedrale von Damaskus versammeln sich Gläubige zum Gebet: Katholiken, orthodoxe Christen und Muslime. Erzbischof Mario Zenari, der Apostolische Nuntius in Syrien, berichtet, die Worte des Papstes seien „wie ein Samenkorn der Hoffnung“ für Syrien. „Viele Menschen kamen im Anschluss zu mir und baten mich, dem Papst herzlich für diese schöne Initiative zu danken.“

Mit der „Kuh“ durch Rom

Eigentlich hat Franziskus schon einen Dienstwagen: einen etwa fünf Jahre alten dunklen Ford Focus mit dem Kennzeichen SCV 00919. Der passt gut zu seinem bewusst schlichten Lebensstil. Auch junge Priestern ermahnt er: „Ich sage euch ehrlich, es tut mir weh, wenn ich einen Priester oder eine Ordensfrau im neusten Automodell sehe. Das geht so nicht! Ich glaube, dass das Auto notwendig ist, weil man viel arbeitet und von da nach dort kommen muss. Aber nehmt ein bescheideneres, ja!?“ Doch dieses Geschenk, das ihm ein Dorfpfarrer Anfang September macht, kann er schlecht ablehnen: Es ist ein fast 30 Jahre alter Renault 4, den Pater Renzo Zocca aus einer kleinen Gemeinde in der Provinz Verona mitbringt. Der Wagen mit 300.000 Kilometern auf dem Tacho hat ihm treue Dienste geleistet, so sagt Pater Zocca, und nun wolle er ihn an den Papst weitergeben. Franziskus ist sichtlich angetan und setzt sich gleich selbst ans Steuer, wie Pater Zocca später berichtet: „Er hatte mir gesagt, dass er ebenfalls einen R4 hatte, und auch seiner habe ihn nie im Stich gelassen. Ich habe ihn wegfahren sehen, als sei es das Natürlichste der Welt.“ Dennoch ist sich Franziskus nicht sofort sicher, ob er das Geschenk annehmen kann, und fragt:

„Hast du ein anderes Auto?" Erst als Pater Zocca ihm versichert, er habe noch ein neueres Auto, willigt Franziskus ein. Besonders sportlich wirkt der Wagen nicht. Passenderweise wird der R4 von den Italienern liebevoll „la mucca" (die Kuh) genannt. Seinen ersten Einsatz im Vatikan hat „la mucca" bereits ein paar Tage später. Da fährt Franziskus mit seiner „Kuh" zum Friedensgebet für Syrien.

Leere Klöster für Flüchtlinge

Schon bei der ersten Reise als Papst hatte sich Franziskus auf der Flüchtlingsinsel Lampedusa Menschen zugewandt, die von Afrika nach Europa flüchten. Am 10. September 2013 nun besucht er das Flüchtlingszentrum „Centro Astalli" in Rom. Für viele Menschen ist es die zweite Station nach Lampedusa. Das Zentrum wird vom Jesuiten-Flüchtlingsdienst betrieben. Franziskus dankt den Mitarbeitern und freiwilligen Helfern, findet aber auch deutliche Worte für seinen Aufruf, mehr zu tun. So schlägt er vor, leerstehende Klöster nicht zu Hotels umzubauen, sondern für Flüchtlinge zu öffnen. „Mut ist nötig. Wir tun viel, vielleicht sind wir gerufen, mehr zu tun", sagt er.
Wer Franziskus eine etwas verklärte Sicht auf die

Armut unterstellt, hört hier ganz andere Töne: Es reiche nicht, einem Armen ein Stück Brot zu geben: „Die Nächstenliebe, die den Armen so lässt, wie er ist, reicht nicht aus. Echte Barmherzigkeit verlangt Gerechtigkeit, verlangt, dass der Arme den Weg findet, damit er nicht mehr arm ist."

Neue Wege gehen

Als Franziskus Mitte September 2013 die römischen Priester trifft, hält er keinen langen Vortrag. Stattdessen lädt er zum offenen Dialog ein. Sie sollen sich frei fühlen, ihn alles zu fragen, was ihnen einfalle, ermutigt er die Priester.
Gleich in der ersten Frage geht es um die Kreativität. Wie kann man neue Wege finden, um Menschen für die Botschaft Jesu zu begeistern? Franziskus meint, es helfe nicht, einfach um der Neuheit willen irgendetwas Neues zu probieren. Beten helfe aber, genauso wie das Gespräch mit den Gläubigen. Um die Kirche einladender zu gestalten, könne man sie beispielsweise den ganzen Tag geöffnet lassen und auch am späten Abend noch die Möglichkeit zur Beichte bieten.
Für manche Priester mag es ungewohnt sein, dass der Bischof von Rom ihnen auf Augenhöhe be-

gegnet. Er sagt: „Ich fühle mich als Priester, ganz ehrlich“, und gibt zu: „Ich habe Angst davor, mich wichtig zu fühlen.“ Deshalb er bittet die Priester, ihm Bescheid zu geben, falls er irgendwann „abheben“ sollte. „Sagt es mir, wenn es nicht privat geht, dann öffentlich, sagt mir: Bekehre dich!“

Herausforderung an die Kurie

Eigentlich gebe er nicht gern Interviews, gibt Franziskus gleich zu Beginn seines Gesprächs mit Antonio Spadaro SJ, dem Chefredakteur der Jesuitenzeitschrift „La Civiltà Cattolica“, zu. Oft fallen ihm die besten Antworten erst ein, nachdem er eine Frage schon beantwortet habe. Mit dem langen Interview während des Rückflugs von Brasilien ist wohl ein Knoten geplatzt. „Ich habe mich selbst nicht wiedererkannt“, sagt Franziskus über diese Situation.

Jetzt beantwortet er Spadaro an drei Tagen jeweils mehrere Stunden lang Fragen. So entsteht ein ausführliches, überraschend offenherziges Interview. Als er sich selbst beschreiben soll, sagt Franziskus: „Ich bin ein wenig gewieft ..., aber es stimmt, dass ich auch ein bisschen arglos bin.“ Im Grunde sei er undiszipliniert. Deshalb ist die Disziplin eines der Dinge, die ihn bei den Jesuiten angezogen haben. Offen gibt er zu, in der Vergangenheit Fehler gemacht zu haben. Als Provinzial der Jesuiten in Argentinien habe er Entscheidungen anfangs zu autoritär getroffen. Deswegen sei es ihm jetzt wichtig, sich mit anderen zu beraten. „Und ich will, dass es echte, keine formellen Beratungen geben wird.“

Danach gefragt, was die Kirche derzeit am dringlichsten brauche, findet Franziskus ein ungewöhnliches Bild: „Ich sehe die Kirche wie ein Feldlazarett nach einer Schlacht. Man muss einen Schwerverwundeten nicht nach Cholesterin oder nach hohem Zucker fragen. Man muss die Wunden heilen.“ Barmherzigkeit ist dabei das wichtigste Heilmittel, schließlich sei der Beichtstuhl kein Folterinstrument. „Eine Herausforderung an die Kurie“, so beurteilen italienische Zeitungen diese Aussagen.

„Gute Luft“ auf Sardinien

Einem Argentinier mit italienischen Wurzeln fallen sprachliche Parallelen sicher auf: Als Franziskus am 23. September 2013 das Heiligtum Unserer Lieben Frau von Bonaria in Cagliari (Sardinien) besucht, erinnert er sich an seine alte Heimat Buenos Aires, was ihn zu einer besonders autobiografisch gefärbten Ansprache animiert: Beide Ortsnamen – Bonaria und Buenos Aires – bedeuten so viel wie „gute Luft".

Die Stimmung hier ist allerdings seit längerer Zeit nicht sehr gut: Beinahe 20 Prozent beträgt die Arbeitslosenquote. Als Franziskus in Cagliari Arbeitslose, Menschen in prekären Arbeitsverhältnissen und Unternehmer trifft, spricht er frei. Und er erzählt davon, wie es seinem Vater erging, der aus wirtschaftlichen Gründen von Italien nach Buenos Aires auswanderte: „Ich kenne die Leiden der enttäuschten Hoffnungen der Migranten und sage euch: Habt Mut." Deutlich kritisiert er das Wirtschaftssystem, bei dem nicht der Mensch, sondern das Geld im Mittelpunkt steht.

Das sind nicht die Worte, die in seinem Manuskript stehen, gibt Franziskus zu: „Ich hatte etwas Geschriebenes für euch vorbereitet. Aber ich habe es vorgezogen, euch das zu sagen, was aus meinem Herzen kommt, wenn ich euch in diesem Augenblick hier sehe!" Diese Spontaneität kommt an, viele gehen ermutigt nach Hause; es herrscht „gute Luft".

Tratschen verboten

Damit haben die Gendarmen des Vatikans wohl nicht gerechnet: Beim Gottesdienst in den vatikanischen Gärten zu Ehren ihres Schutzpatrons, des Erzengels Michael, warnt Franziskus vor Klatsch und Tratsch. Für ihre Erfüllung der Aufgabe, den Vatikan zu schützen, dankt der Papst den vatikanischen Gendarmen, sagt aber im gleichen Atemzug, es sei heutzutage unwahrscheinlich, dass der Vatikan von einer Armee angegriffen würde. Dafür sollen die Gendarmen sich für mehr Eintracht im Vatikan einsetzen. Das sei „ein Krieg, den man nicht mit den Waffen führt ... man führt in mit der Sprache. Die Waffe dieses Krieges ist das Geschwätz." Mit anderen Worten: Klatsch und Tratsch sind „die Sprache des Teufels". Er ruft die Gendarmen auf: „... nie schlecht übereinander reden, nie die Ohren spitzen bei Geschwätz." Das sind weise Worte, die man sich auch außerhalb des Vatikans zu Herzen nehmen kann!

Schon wieder Lampedusa

Der Flüchtlingsinsel zwischen Europa und Afrika hatte im Juli 2013 Franziskus' erste Reise als Papst gegolten. Mit dieser Geste hatte er die Aufmerksamkeit der Weltöffentlichkeit auf das Elend der Flüchtlinge gelenkt, von denen viele ihr Leben verlieren. Nun, drei Monate später, kommt es zu einer erneuten Tragödie, bei der etwa 390 Menschen aus Krisenregionen wie Ägypten oder Syrien vor der Küste Lampedusas ertrinken.
Franziskus entsendet sofort den päpstlichen „Elemosiniere" (Almosenmeister) auf die Insel. Er segnet geborgene Leichname, bringt konkrete Hilfen für die Überlebenden – unter anderem Telefonkarten, damit sie Kontakt zu ihren Verwandten in der Heimat halten können – und informiert laufend den Papst über die Lage. Der spricht von einer „Schande" und ruft zum Gebet auf: „Lassen wir unser Herz weinen."
Auch in den nächsten Wochen spricht er das Thema immer wieder einmal an, so etwa bei einem Gebet für die verstorbenen und die geretteten Bootsflüchtlinge zu Allerheiligen. Ein greifbarer Erfolg: Kurz darauf erklärt sich die Stadt Rom zur Aufnahme von 155 Überlebenden der Katastrophe bereit.

Franziskus besucht Franziskus

Der Besuch von Papst Franziskus bei seinem Namenspatron in Assisi wird mit Spannung erwartet. Am 4. Oktober 2013, dem Gedenktag des Heiligen, fährt Franziskus nach Assisi. Er trifft hier Kranke und arme Menschen, vollzieht die Lebensstationen des Franz von Assisi nach. Als erster Papst überhaupt besucht er den „Saal der Entkleidung“, in dem der heilige Franziskus der Legende zufolge seine reiche Kleidung gegen die Kutte eines Bettlers tauschte.

Franziskaner-Frater Thomas Freidel, der schon mehrere Papstmessen in Assisi erlebt hat, empfindet die Messe als „angenehm“: „Es war sehr schlicht und einfach. Wir konnten selber auch Ruhe haben und das innerlich miterleben.“

Natürlich ist ganz Assisi in Aufruhr, selbst einige kontemplative Klarissinnen, die ihre Klausur nicht verlassen dürfen, verfolgen den Besuch über das Fernsehen. Sie sind davon beeindruckt, wie Papst Franziskus die Armen einbindet und ins Zentrum rückt. „Nicht nur große Reden, sondern wirklich auch einmal Taten folgen lassen. Ich finde das schön“, sagt Sr. Maria Angela.

Regierung und Opposition vereint

Etwa zwei Wochen vor der Parlamentswahl in Argentinien sitzen Spitzenpolitiker gegnerischer Parteien friedlich vereint beisammen. Was ist passiert? Es ist keine Wahlkampfveranstaltung und hat auch sonst nichts mit Politik zu tun, sondern mit einer Buchvorstellung im großen Saal eines Kulturzentrums in Argentinien. Dabei ist der Star der Veranstaltung nicht einmal anwesend; er weilt im 13 Flugstunden entfernten Vatikan.

Vorgestellt wird ein Buch, das die letzten neun Predigten enthält, die Erzbischof Bergoglio vor seiner Wahl zum Papst gehalten hat. Das Buch trägt einen blumigen, langen Titel. Untertitel: „Mit Hoffnung unser soziales Netz neu knüpfen". Über die illustre Runde – darunter auch der Kandidat der Partei von Präsidentin Cristina Kirchner und der neue Star der Opposition Sergio Massa – staunt auch die Presse und titelt: „Franziskus bringt ein Dream Team unterschiedlichster Couleur zusammen".

Ein Füller für den Friedensvertrag

Schon Monate vor der geplanten Reise ins Heilige Land trifft Papst Franziskus wichtige Akteure der Region. Im Mai 2013 empfängt er den israelischen Ministerpräsidenten Shimon Peres, im Oktober dann den Präsidenten der Palästinensischen Autonomiebehörde Mahmud Abbas. Bei der Privataudienz für Abbas sprechen die beiden vor allem über den Nahost-Friedensprozess. Als Franziskus Abbas einen Füllfederhalter schenkt, scheint dieser die vermutlichen Hintergedanken zu erraten. Mahmud Abbas sagt, er hoffe, mit diesem Füller einen Friedensvertrag mit Israel zu unterschreiben. Darauf Franziskus: „Bald, bald!“

Dreikäsehoch auf dem Papststuhl

Wer ist der Dreikäsehoch, der da auf dem Papststuhl sitzt? Diese Frage stellt sich so mancher beim großen Familientreffen zum Jahr des Glaubens Ende Oktober 2013. Einige Kinder sitzen direkt vor der Bühne, die auf dem Petersplatz aufgebaut ist, die meisten ruhig und brav. Nur der sechsjährige Carlos nicht. Er weicht Papst Franziskus während der gesamten Veranstaltung nicht von der Seite. Auch als Mitarbeiter ihn mit Bonbons von der Bühne herunterzulocken versuchen, haben sie keinen Erfolg. Carlos hat nur Augen für Franziskus, setzt sich irgendwann sogar auf den Stuhl des Heiligen Vaters, als dieser zu einer Rede aufsteht. Als der Kleine den Papst mitten in der Rede plötzlich umarmt, lässt sich Franziskus nicht aus der Ruhe bringen. Er streichelt ihm kurz über den Kopf und setzt seine Rede fort. Dass Kinder immer mustergültig stillsitzen, erwartet er nicht. Vielleicht weiß er auch von der besonderen Situation des kleinen Carlos, der ein Waisenjunge ist. Später kursieren verschiedene kurze Filme davon auf Youtube, die insgesamt über 70.000 mal angeklickt werden. „Der Junge, der dem Papst die Show stiehlt", ist mit einem Mal weltbekannt.

Sonntagsarbeit für den Papst

Zum 30. Gründungstag des Vatikanischen Fernsehzentrums (Centro Televisivo Vaticano, kurz CTV) empfängt Franziskus am 28. Oktober 2013 die Journalisten und Techniker des Senders. Er möchte sich vor allem bedanken, nicht nur bei den Mitarbeitern selbst, sondern auch bei ihren Familien, die „ihren wöchentlichen Terminkalender nach den Terminen des Papstes ausrichten müssen!“ Zu den Aufgaben des Vatikan-Fernsehens gehört auch die Übertragung des Angelusgebets, also Sonntagsarbeit. „Ich kann mir vorstellen, dass das ein nicht geringes Opfer erfordert ... Der Papst will das Familienleben nicht durcheinanderbringen!“, beteuert Franziskus. „Aber ich danke euch für eure Geduld.“

Warum uns dieser Papst gefällt

Er ist ein Traditionalist, wie er im Buche steht, und einer der schärfsten Kritiker von Papst Franziskus: Mario Palmaro, Rechtsphilosoph und Journalist. Palmaro, der seit zehn Jahren eine Sendung bei Radio Maria moderiert, veröffentlicht Anfang Oktober 2013 zusammen mit einem Kollegen in der Tageszeitung „Il Foglio“ eine Anklage gegen Franziskus unter dem Titel „Dieser Papst gefällt uns nicht“.

Was wirft er Franziskus vor? Seine Demut sei mehr Schein als Sein, eine Zurschaustellung für die Medien, mit Äußerlichkeiten lenke er den Blick vom Wesentlichen weg. „Wir erleben das Phänomen eines Führers, der der Masse genau das sagt, was die Masse hören will.“ Die für Palmaro bittere Folge: Nach der Veröffentlichung verliert er seinen Job bei Radio Maria. Der nächste Schicksalsschlag ist eine schwere Krebserkrankung.

Am 1. November dann ein Anruf vom Papst. Palmaro ist, wie er später berichtet, „überrascht, erstaunt und vor allem bewegt“. Franziskus sagt, er habe von Palmaros Erkrankung erfahren und sei ihm nahe. „Ich habe so deutlich sein tiefes Mitgefühl gespürt ... Für mich war das eine der allerschönsten Erfahrungen meines Lebens.“ An seiner kritischen Haltung zum Papst, so Palmaro, ändere das aber nichts. Er spricht Franziskus während dieses Telefonats selbst darauf an. Der meint lediglich, er habe die guten Absichten erkannt; solche Kritik zu bekommen sei für ihn wichtig.

Der Telefonseelsorger

Manche Meldungen in der Presse erstaunen Franziskus. „Der Papst hat selbst zum Telefonhörer gegriffen“ – was ist daran so Besonderes?, scheint er sich zu fragen. „Bitte sagen Sie den Journalisten, dass meine Telefonate keine Nachricht sind“, bittet er eines Tages sogar Dario Viganò, den Direktor des Vatikanischen Fernsehzentrums CTV. „Es ist gut, dass sie nichts von den übrigen Telefonaten wissen." Er habe das auch in Buenos Aires schon so gehalten: Wenn er von jemandem – einem Priester, einer Familie, einem Gefangenen – in Schwierigkeiten erfahre, dann sei es für ihn einfacher, direkt anzurufen, zuzuhören und, wenn er könne, zu helfen. Ein richtiger Telefonseelsorger sei dieser Papst, meint Viganò. Seine Art, mit anderen mitzufühlen, dränge ihn zu einer Unmittelbarkeit der Beziehung. Im direkten Kontakt versucht er, den anderen und seine Probleme wirklich zu verstehen. Allerdings ruft Franziskus nicht nur zu Arbeitszwecken an. Ihm selbst, berichtet Dario Viganò, sei es passiert, dass der Papst ihn angerufen habe, um ihm zum Geburtstag zu gratulieren.

Franziskus will's wissen

Wie denken Katholiken über moralisch „heiße Eisen" wie Empfängnisverhütung, vorehelichen Geschlechtsverkehr, wiederverheiratete Geschiedene, Homosexualität und, und, und? Eine Befragung direkt an der katholischen Basis, wie Franziskus sie im Herbst 2013 startet, hat es so noch nie gegeben. Einen „Akt päpstlich verordneter Anarchie" nennt es die Süddeutsche Zeitung. Der Fragebogen

zur Vorbereitung der Familiensynode im Oktober des Folgejahres wird im November 2013 vom Vatikan an die Bischöfe geschickt, die die Fragen in die Pfarreien hineintragen sollen. Ausdrücklich heißt es vom Vatikan: „Wir wollen keine persönlichen Bewertungen der Bischöfe, sondern wollen wissen, was die Menschen denken und wie sie leben."
Mit den Ergebnissen gehen die Bistümer in den verschiedenen Ländern unterschiedlich um. Manche halten streng geheim, was sie an den Vatikan schicken, andere – darunter die Bistümer des deutschen Sprachraums – veröffentlichen die Ergebnisse. Man kann vermuten, dass Letzteres der Intention des Papstes eher entspricht: ein Dialog auf Augenhöhe, das ist seine Art der Kommunikation.

Die Clownsnase

Dass Franziskus Humor hat, können sich Pepita und Spillo, ein italienisches, frischgebackenes Ehepaar schon denken, als sie am 6. November 2013 zur Generalaudienz aufbrechen. Nach der wöchentlichen Audienz auf dem Petersplatz, so wissen sie, haben Neuvermählte die Gelegenheit, dem Papst persönlich zu begegnen. Das Besondere bei Pepita und Spillo: Die beiden arbeiten als Clowns, um kranke Kinder aufzuheitern. Ihre Clowntherapie bieten sie besonders krebskranken Kindern an, besuchen Krankenhäuser und Waisenhäuser. Damit erreichen sie, dass Kindern in schweren Situationen die Tür in ihre Kinderwelt wieder geöffnet wird. Auch an diesem Mittwoch haben sie ihre Clownsnasen dabei – und bringen Franziskus gleich eine rote Nase mit. Der zögert keinen Moment, als er vom Engagement der jungen Italiener erfährt, und setzt sich die rote Nase auf. Drei Clownsnasen auf einmal – das gibt auf jeden Fall ein paar gute Bilder fürs Hochzeitsalbum!

Franziskus gibt Hausaufgaben

Generalaudienzen mit Papst Franziskus können sehr unterhaltsam sein, selbst wenn er ernst gemeinte Anliegen hat. Bei der Audienz am 13. November 2013 geht es ihm beispielsweise um die Wichtigkeit der Taufe. Unvermittelt fragt er die Menschen auf dem Petersplatz: „Wer von euch erinnert sich an das Datum der eigenen Taufe? Hebt die Hand: Es sind wenige", und fügt schelmisch hinzu: „ich frage nicht die Bischöfe, um sie nicht zu beschämen." Dann trägt er den Versammelten auf, zu Hause nachzusehen oder nachzufragen, wann sie getauft wurden, denn dieser Tag sei ihr zweiter Geburtstag. „Werdet ihr das tun? Es ist eine Hausaufgabe."

Ist der Papst jetzt Apotheker?

Mit einer originellen Idee überrascht Franziskus am 17. November 2013 die Gläubigen, die zum Angelusgebet gekommen sind. Nach dem Gebet hält er plötzlich ein kleines Schächtelchen in der Hand – auf den ersten Blich eine ganz normale Arzneimittelschachtel – und sagt: „Jetzt möchte ich euch zu einer Medizin raten. Manch einer mag denken: ‚Ist der Papst jetzt Apotheker?' Es ist eine Medizin aus 59 Kügelchen, die eine Arznei für das Herz sind." Tatsächlich steht auf der Schachtel „Misericordina", eine kreative Abwandlung von misericordia (Barmherzigkeit). Darin befindet sich ein Rosenkranz; ein „Beipackzettel" enthält die Anleitung zum Rosenkranzgebet in mehreren Sprachen. Ehrenamtliche verteilen mehrere Tausend dieser Schachteln kostenlos auf dem Petersplatz. Nun klingt Franziskus tatsächlich fast wie ein Apotheker, als er mahnt: „Vergesst nicht, diese Medizin zu nehmen! Sie tut dem Herzen, der Seele und dem ganzen Leben gut!"

Fröhliche Revolution

Mit „Evangelii Gaudium" („Die Freude des Evangeliums") ist das erste Apostolische Schreiben von Papst Franziskus überschrieben. Diese Freude ist dringend nötig, findet der Papst, denn heute herrsche oft eine „individualistische Traurigkeit": „Es gibt Christen, deren Lebensart wie eine Fastenzeit ohne Ostern erscheint."

Die Reaktionen sind zumeist begeistert. „Revolution im Vatikan", „Franziskus will Kirche komplett reformieren", „Franziskus fordert Kurswechsel" titeln die großen Zeitungen. Und tatsächlich hat das Schreiben einiges an Sprengkraft zu bieten: eine „Neuausrichtung des Papsttums" und „heilsame Dezentralisierung" sind da gefordert. Die Türen der Kirche sollen offenstehen und die Sakramente keine Belohnung für die Vollkommenen, sondern Nahrung für die Schwachen sein. Auch kirchliche Lehren sind nicht alle in Stein gemeißelt: „Haben wir keine Angst, sie zu revidieren!"

Allerdings geht es Franziskus vor allem um die Neuevangelisierung. Wenn die Presse eine Revolution verkündet, meint sie möglicherweise etwas anderes als die „Revolution der zärtlichen Liebe", von der Franziskus schreibt.

Zu radikal?

„Diese Wirtschaft tötet." Es sind Aussagen wie diese, die die Leser von „Evangelii Gaudium" verunsichern. Ist Franziskus etwa Marxist? Es hagelt Kritik, besonders aus konservativen Kreisen und von Seiten der Wirtschaft. Der Papst gehe zu weit, meinen viele empört. Einige Großspender aus den USA beschließen sogar, ihre Spenden an die katholische Kirche einzustellen. Andere beschwichtigen, die Kapitalismuskritik des Papstes sei ja nur ein kleiner Teil des Lehrschreibens, und sicher nicht der wichtigste. Der Papst sei eben durch seine Erfahrungen in Argentinien stark geprägt.

Was der Papst selbst zu der ganzen Aufregung sagt? – Nein, Marxist sei er nicht, seine Aussagen entsprächen einfach der Soziallehre der Kirche. „Aber in meinem Leben habe ich viele Marxisten getroffen, die gute Menschen waren, und deshalb fühle ich mich nicht beleidigt."

Franziskus leiht seine Stimme

Cristiano Gentili hat ein Anliegen, für das er kaum Gehör findet. Seit Jahren versucht er, die Öffentlichkeit auf das Schicksal afrikanischer Albinos aufmerksam zu machen. In vielen Ländern Afrikas ist der gefährliche Aberglaube verbreitet, die weiße Haut und die Gliedmaßen von Albinos brächten Glück. Häufig werden sie verstümmelt und getötet. Gentili schreibt einen Roman zu dem Thema: „Ombra bianca" (Weiße Schatten) und schickt E-Mails und Briefe an Politiker, Journalisten und Kritiker. 4000 sind es insgesamt.
Die einzige Antwort bekommt er von Papst Franziskus. Der lädt ihn ein, Ende November 2013 im Vatikan bei einem internationalen Symposium zur Entwicklung in Afrika zu sprechen. Für drei Tage ist Gentili ins Gästehaus Santa Marta eingeladen. Dort erzählt er dem Papst von seinem aktuellsten Projekt: eine Hörbuchversion von „Ombra bianca". Viele Menschen sollen jeweils ein kurzes Stück aus dem Roman vorlesen. Zusammengesetzt entsteht so das erste „soziale Hörbuch". Mit dem Erlös soll Albinos in Afrika geholfen werden.
Gentili nimmt seinen ganzen Mut zusammen und sagt: „Ich bitte Sie, mir ein Geschenk für diese Menschen zu machen ..." Doch er muss gar nicht

weiterreden. Der Papst ist einverstanden und umarmt ihn. Gentili reicht ihm das Buch und nimmt ein kleines Aufnahmegerät zur Hand. Und Franziskus liest für das Hörbuch eine wichtige Stelle vom Ende des Romans, an dem es heißt: „Gott ist in jedem menschlichen Wesen. Wenn man einen Menschen verletzt, beschimpft man Gott."

Von Franziskus lernen …

… heißt siegen lernen. Meinen zumindest Strategen der Republikaner in den USA. Dort wird drei Jahre vor der nächsten Präsidentschaftswahl im November 2016 bereits der Wahlkampf vorbereitet. Den Republikanern ist klar, dass sie ein Imageproblem haben: zu abgeschottet, intolerant und wenig verständnisvoll den Armen gegenüber – so werden sie von vielen wahrgenommen. Führende Strategen, darunter der ehemalige Sprecher der Repräsentantenhauses Newt Gingrich, empfehlen dem nächsten Präsidentschaftskandidaten, sich an Papst Franziskus ein Beispiel zu nehmen. Der komme bei den Menschen gut an, obwohl er an der Glaubenslehre nichts geändert habe. Bei einer „Papst-Analyse" haben die Experten auch herausgefunden, wie er das macht: Er ist zugänglich, bescheiden und geht hinaus auf die Straße, um den Menschen zu begegnen. Er redet nicht nur, sondern lebt das, wofür er steht. Authentizität als Erfolgsrezept also. Ob sich daraus so einfach eine Wahlkampfstrategie machen lässt?

Papst undercover

Was macht der Papst eigentlich nachts? Anfang Dezember 2013 tauchen Gerüchte auf, Franziskus schleiche sich im Dunkeln heimlich aus dem Vatikan, um in den Straßen Roms Almosen an Hilfsbedürftige zu verteilen. Diese abenteuerliche Geschichte hat einen ganz realen Hintergrund: Erzbischof Konrad Krajewski, der „Elimosiniere“ (Päpstlicher Almosengeber), berichtet in einem Interview, Franziskus habe ihm zu seinem Amt gesagt: „Du kannst deinen Schreibtisch verkaufen, du brauchst ihn nicht. Du musst rausgehen aus dem Vatikan. Warte nicht, bis die Leute klingeln.“ Er solle konkrete Hilfe leisten und Geld verteilen, frei nach dem Motto: „Ein leeres Konto ist ein gutes Konto“. Als Krajewski kurz andeutet, Franziskus würde am liebsten selbst mitkommen, wittern die Journalisten eine gute Story und fragen genauer nach. Und obwohl Krajewski darauf nicht weiter eingeht, kursieren schon kurz darauf die wildesten Gerüchte. Die Geschichte wirkt durchaus authentisch und viele meinen: Zuzutrauen wäre es Franziskus.

Diener zweier Herren

Gleichzeitig Privatsekretär des emeritierten Papstes und enger Mitarbeiter des amtierenden Papstes – wie soll das gehen? Georg Gänswein scheint irgendwie zwischen den Stühlen zu sitzen. Und weil die Medien gern die Unterschiede zwischen Franziskus und Benedikt XVI. betonen, können sie sich schlecht vorstellen, dass Georg Gänswein mit seiner Rolle als „Diener zweier Herren" glücklich ist. Er tue sich schwer mit Franziskus, heißt es immer wieder. Oder noch drastischer: Er „lästere" über den Benedikt-Nachfolger.

Nach einem ähnlichen Bericht in der „Zeit" sagt er Anfang Dezember: „Das ist Quatsch" und berichtet in einem Interview mit dem Magazin „Cicero" ausführlich: „Am Anfang begleiteten mich gemischte Gefühle. Im Laufe der Zeit merkte ich, wie gut das Verhältnis von Papst Franziskus zu seinem Vorgänger ist ... Diese Erfahrung war mir eine große emotionale Hilfe." Dennoch gibt er zu, dass die Umstellung nicht leicht ist: „Papst Franziskus pflegt einen Stil, der einem nicht wenig abverlangt."

III. Geburtstag, Weihnachten und andere Gründe zum Feiern

„Franziskus hat die Kirche verändert. Es ist ihm gelungen, sie menschlicher zu machen."

Notker Wolf

„Man kann gar nicht anders als den Mann gern zu haben!"

P. Bernd Hagenkord SJ

„Franziskus erfüllt mich mit Freude, und zugleich merke ich: Er ist eine große Herausforderung an mich, an uns alle. Franziskus ist einfach unglaublich sympathisch."

Kardinal Christoph Schönborn

Geburtstagsfrühstück mit Obdachlosen

Zum 77. Geburtstag gibt es keine große Feier. Aber ein Geburtstagsfrühstück mit vier Obdachlosen. Franziskus schickt Erzbischof Konrad Krajewski am Morgen des 17. Dezember 2013 los, um die ersten Obdachlosen, denen er an diesem Morgen begegnet, einzuladen. Die Männer aus Osteuropa hatten in der Nähe des Petersplatzes genächtigt. Krajewski fragt sie: „Würden Sie gern zu Papst Franziskus' Geburtstagsfeier kommen?" Ihr weniges Hab und Gut laden sie in das Auto des Erzbischofs. Ein kleiner Hund, der einem der Männer gehört, darf ebenfalls mitkommen.

Franziskus wünscht sich eine „besonders familiäre" Atmosphäre. Zur Morgenmesse und anschließendem gemeinsamen Frühstück kommen außer den vier Männern aus Osteuropa auch Angestellte des Gästehauses mit ihren Familien: Köche, Haushälterinnen, Reinigungskräfte.

Weihnachtsgeschenke für Bedürftige

In der Woche vor Weihnachten hat der Päpstliche Almosengeber jede Menge zu tun. Im Auftrag von Papst Franziskus verteilt er 2000 kleine Päckchen an Bedürftige. Es sind Menschen, die er bereits betreut oder die zur Armenspeisung der „Mutter-Teresa-Schwestern" kommen. In diesen Päckchen befinden sich bereits frankierte Briefumschläge mit Weihnachtskarten, außerdem Telefonkarten und U-Bahn-Tickets. Die Beschenkten sollen so ihren Angehörigen Weihnachtsgrüße schicken, sie anrufen oder besuchen können. Die U-Bahn-Tageskarten wurden dabei von den römischen Verkehrsbetrieben ATAC gespendet; die frankierten Umschläge von der vatikanischen Post.

Person des Jahres 2013

In seiner Dezemberausgabe kürt das amerikanische Time-Magazine Papst Franziskus zur „Persönlichkeit des Jahres". Den Titel „Person of the Year" vergibt die renommierte Nachrichtenzeitschrift jährlich seit 1927 für die Person, die nach Ansicht der Redaktion die Welt im jeweiligen Jahr am stärksten bewegt hat. Den Titel hatten 1994 bereits Papst Johannes Paul II. und 1962 Johannes XXIII. erhalten. In der Begründung heißt es, Franziskus werde ausgezeichnet, weil er das Papsttum aus dem Palast auf die Straße geholt habe, weil er die katholische Kirche dazu bringe, sich mit ihren größten Baustellen auseinanderzusetzen, und weil er es vorziehe, Barmherzigkeit walten zu lassen statt zu verurteilen. Seine große Popularität gebe ihm weitaus größere Möglichkeiten, als Benedikt XVI. sie je gehabt habe, der christlichen Botschaft Gehör zu verschaffen.

Kleiderfragen

Zuweilen scheint es, als wolle jede Zeitschrift auf den Franziskus-Zug aufspringen. Die Wirkung fällt mitunter unfreiwillig komisch aus. So kürt beispielsweise das amerikanische Männermagazin „Esquire“ Franziskus zum bestgekleideten Mann des Jahres 2013. Da wundert man sich. Franziskus, der Mann mit den schiefgetretenen schwarzen Schuhen, macht nicht den Eindruck, als würde er Kleiderfragen viel Zeit widmen. In der Begründung heißt es, durch seinen bewusst bescheidenen Kleidungsstil gelinge es ihm, seine Überzeugungen optisch zum Ausdruck zu bringen.

Dasselbe Magazin hatte 2007 in der Wahl zum „Accessoire-Träger des Jahres“ einen Sonderpreis an Benedikt XVI. vergeben – für ebendie roten Lederschuhe, die es sechs Jahre später so schmäht. Zum Glück sind päpstliche Überzeugungen nicht ebenso schnell wandelbar wie Meinungen zu Modefragen.

Weihnachtsbesuch bei Benedikt

Das erste Weihnachtsfest mit zwei Päpsten im Vatikan – für Benedikt ist es ein besinnliches, ruhiges Fest mit einem Christbaum und Plätzchen aus Bayern und mit einer Weihnachts-CD der Regensburger Domspatzen, die er gemeinsam mit seinem Bruder Georg Ratzinger anhört. Für Franziskus ist es ein dicht getaktetes Programm, bei dem für Ruhe und Besinnlichkeit nicht viel Zeit bleibt.
Bevor es aber richtig losgeht, stattet er seinem Vorgänger im Amt am 23. Dezember einen Besuch ab. Mit einem unauffälligen Dienstwagen fährt Franziskus im ehemaligen Kloster Mater Ecclesiae vor, wo Benedikt seit seinem Rücktritt lebt. Benedikt XVI., sichtlich gealtert und auf einen Stock gestützt, freut sich über den Besuch. Gemeinsam beten die beiden Päpste in der Kapelle und ziehen

sich dann zu einem Gespräch unter vier Augen zurück. Als Franziskus nach einer knappen Stunde wieder in seinen alten Ford steigt, stehen Benedikt und sein Privatsekretär Georg Gänswein noch lange in der Tür und winken zum Abschied.

Neue Twitter-Rekorde

Der Twitter-Account @Pontifex, den bereits Benedikt XVI. eingerichtet, wenn auch selten genutzt hatte, erfreut sich unter Franziskus immer größerer Beliebtheit. Aus den anfänglich drei Millionen Followern werden innerhalb weniger Monate fast dreimal so viele. Ende Oktober 2013 twittert Franziskus auf dem Kurznachrichtendienst: „Liebe Follower, wie ich sehe, seid ihr jetzt mehr als 10 Millionen! Ich danke euch herzlich und bitte euch, weiter für mich zu beten."
Die kurzen Botschaften werden in neun unterschiedlichen Sprachen angeboten. Die meisten Follower hat Franziskus im spanischsprachigen Raum, gefolgt vom englischen und italienischen. Über die Weihnachtstage knackt er bereits die Elf-Millionen-Marke. An die in der Mehrzahl jugendlichen Leser wendet er sich mit griffigen, manchmal auch leicht provozierenden Botschaften wie dieser:

„Der Herr klopft an die Tür unseres Herzens. Haben wir vielleicht ein kleines Schild angebracht mit der Aufschrift: ‚Nicht stören‘?“

Ein Silvesteranruf

„Was treiben wohl die Nonnen, dass sie nicht rangehen können? Ich bin Papst Franziskus. Ich wollte euch Silvestergrüße schicken. Mal schauen, ob ich nachher wieder anrufen kann. Gott segne euch!“ – Dieser Spruch auf dem Anrufbeantworter versetzt die fünf Schwestern eines Klosters im südspanischen Lucena in Aufregung. Dabei hatten sie nicht etwa Silvesterpunsch angerührt, sondern gebetet und so den Anruf verpasst. Nach mehreren Rückrufversuchen erreichen sie Franziskus schließlich doch noch im alten Jahr, tauschen Neuigkeiten und Segenswünsche aus.

Drei der fünf Karmelitinnen stammen aus Argentinien und kennen Franziskus schon seit seiner Zeit als Erzbischof von Buenos Aires. Damals hatte er einen Priester gebeten, zwei Klausurschwestern zu finden, die für ihn beten könnten. Das sind die Karmelitinnen von Lucena, und seither schickt er ihnen jedes Jahr zu Weihnachten eine Postkarte mit Glückwünschen.

Ein „sehr cooler Opa“

Es ist bereits Tradition: Bei der Neujahrsmesse empfängt der Papst Sternsinger. Am 1. Januar 2014 ist es für Laura, Hanna und Justus soweit: Die Sternsinger aus der Nähe von Bielefeld nehmen in ihren bunten Gewändern an der Gabenprozession teil. Und wie erleben die jungen Sternsinger den Papst? „Sehr nett“, sagt der elfjährige Justus. Hanna und Laura meinen: „Wenn man den Papst Opa nennen würde, finde ich, das wäre ein cooler Opa, weil er immer so gut drauf ist. Es macht Spaß ihm zuzusehen ... Er ist zwar Papst, aber ich finde ihn sehr menschlich – wenn man das so sagen kann. Er benimmt sich nicht nach dem Motto ‚Ja, ich bin Papst und ihr müsst mich ehren, ich bin der beste Mensch.‘ Sondern er benimmt sich wie die anderen auch – und das finde ich gerade gut.“

Schaf und Hirte

Weihnachten ohne Krippe – da würde etwas fehlen. „Erfunden“ hat die Weihnachtskrippe im Jahr 1223 Franz von Assisi. Im italienischen Greccio ließ er die Szene von der Geburt Jesu nachstellen,

nicht mit kleinen Figuren, sondern mit echten Menschen und Tieren. Diese Form der „lebendigen Krippe“ gibt es heute noch an vielen Orten weltweit.
Als Erzbischof von Buenos Aires gilt Bergoglio als großer Freund lebendiger Krippen, zu denen mitunter auch Tangomusik erklingt. Und als ihn die italienische Pfarre Sant‘Alfonso de’Liguori im Norden Roms zum Besuch ihrer Lebendkrippe einlädt, sagt Franziskus sofort zu. Sichtlich angetan ist er von den etwa 200 Mitwirkenden und den vielen Tieren, nimmt sich Zeit für einen Rundgang durch die Krippenlandschaft und segnet die Darsteller der Heiligen Familie. Als er mit einer Darstellerin spricht, die ein kleines Lämmchen im Arm trägt, streichelt Franziskus dieses mit so viel Ausdauer, dass die junge Frau ihm das kleine Lamm schließlich in den Nacken legt. Ein Schaf für ihren Oberhirten – die Menge der Umstehenden jubelt begeistert.

Per Anhalter über den Petersplatz

Fabian Baez, ein Gemeindepfarrer aus Buenos Aires, hat kein VIP-Ticket, mit dem er bei der Generalaudienz am 8. Januar 2014 in den Nähe des Altars sitzen oder hinterher den Papst persönlich

treffen könnte. So steht er etwas abseits mitten in der Menschenmenge, als Franziskus im Papamobil vorbeifährt. Wie viele andere auch ruft er dem Papst gute Wünsche fürs neue Jahr zu. Er kennt Bergoglio schon seit den 1990er Jahren, als der noch Bischof in Buenos Aires war.
Sobald Franziskus seinen alten Bekannten in der Menge sieht, bittet er den Fahrer anzuhalten und bedeutet einem Gendarm, dem Pater über die Absperrung zu helfen. Dann lädt er den alten Freund ein, mit ihm im Papamobil mitzufahren. Die beiden umarmen sich, und Baez sitzt während der restlichen Fahrt direkt hinter dem Papst, der weiter gutgelaunt den Menschen zuwinkt und Babys küsst. Für Baez kommt das Ganze völlig überraschend. „Ich fragte mich: Was mache ich hier? Mamma mia!"

Purpur ohne Party

Nach dem Angelusgebet am 12. Januar 2014 verkündet Franziskus die Namen von 19 neuen Kardinälen. Sie stammen aus zwölf Ländern von allen Teilen der Erde. Das Kardinalskollegium wird internationaler; einige typische Kardinalsbistümer wie Turin oder Venedig gehen leer aus. Gerade ärmere

Länder wie Haiti, Nicaragua oder die Philippinen sollen so mehr Gewicht erhalten. Am nächsten Tag schickt Franziskus den zukünftigen Purpurträgern einen Brief, der aufhorchen lässt: „Die Kardinalswürde ist keine Beförderung, weder eine Ehre noch eine Zierde. Sie ist schlicht ein Dienst, der danach verlangt, den Blick zu weiten und das Herz zu öffnen", heißt es darin. Außerdem ermahnt der Papst die Adressaten, die Ernennung nicht mit großem Pomp zu feiern, sondern sie „mit einem einfachen und demütigen Herzen zu empfangen."

Papst als Trendsetter

Der Schneider Raniero Mancinelli ist schon lang im Geschäft; seit den 1960er Jahren schneidert er die „Dienstkleidung" für Kardinäle und Päpste. Auch Benedikt XVI. ließ sich Soutane und Scheitelkäppchen von ihm fertigen. Inzwischen spürt Mancinelli den „Franziskus-Effekt" auch bei seiner Kundschaft. Verstärkt achten Kardinäle und Priester darauf, nicht zu sehr zu „strahlen", und geben weniger Geld für ihre Kleidung aus, berichtet er. „Das ist eine Auswirkung von Franziskus. Sie wollen zeigen, dass sie ihm pastoral nahe stehen."
Vor der Erhebung der 19 Bischöfe in den Kardinals-

stand überlegt Mancinelli, wie man an der traditionellen Kardinalskleidung sparen kann: preiswerteres Material statt schwerer Seide und Kaschmir, maschinengefertigte Knöpfe statt der handgefertigten, preiswertere Spitze am Schulterumhang – es gibt viele Möglichkeiten. Der Papst als Trendsetter in Sachen Kleidung – wer hätte das gedacht?

Beliebtester Zeitgenosse

Wen bewundern Sie am meisten? Diese Frage stellt das britische Meinungsforschungsinstitut YouGov knapp 14.000 Menschen weltweit. Einzige Einschränkung: Es dürfen ausschließlich heute lebende Personen genannt werden. Die Deutschen, Brasilianer und US-Amerikaner mögen Papst Franziskus am meisten. Weltweit kommt Franziskus immerhin auf Platz vier der Beliebtheitsskala – etwas abgeschlagen hinter dem Microsoft-Gründer und Milliardär Bill Gates, Barack Obama und Vladimir Putin. In Deutschland verweist der Papst Kanzlerin Merkel auf Platz zwei; in den USA bekommt er gar doppelt so viele Stimmen wie Barack Obama auf dem zweiten Platz. Als weiteres religiöses Oberhaupt kommt übrigens der Dalai Lama weltweit auf Platz 13.

Kinderlärm ist die schönste Musik

Für Überraschung sorgt eine Meldung zum Fest der Taufe des Herrn. An diesem Tag tauft der Papst traditionell Kinder von Vatikan-Angestellten in der Sixtinischen Kapelle. 2014 tauft Franziskus aber auch andere Kinder, darunter das Kind einer alleinerziehenden Mutter und die Tochter eines Paares, das nur standesamtlich, aber nicht kirchlich verheiratet ist. Die alleinerziehende Mutter war vor der Geburt ihres Kindes von ihrem Partner verlassen worden. Sie hatte zunächst über eine Abtreibung nachgedacht, entschied sich dann aber dagegen und schrieb stattdessen einen Brief an Franziskus. Der lädt sie daraufhin zur Taufe ein. In der kurzen Predigt betont Franziskus, wie wichtig die Weitergabe des Glaubens in der Familie ist. Und er sagt: „Heute singt der Chor, aber die schönste Musik ist Kinderlärm ..."

Bei Wind und Wetter

Schon seit Beginn seines Pontifikats bereitet Papst Franziskus den vatikanischen Sicherheitsleuten Kopfzerbrechen. Mit großer Unbekümmertheit sucht er die Nähe der Gläubigen. Und die ihn sehen wollen, das sind nicht wenige. Rekord-Besucherzahlen werden von den Generalaudienzen gemeldet. Jeden Mittwoch strömen so viele Besucher auf den Petersplatz, dass der Ansturm jedes Mal ein Verkehrschaos auslöst. Aber auch wenn Franziskus sich so manches Mal über Sicherheitsbedenken hinwegsetzt, so achtet er doch die Arbeit, die die Beamten leisten. Bei einer Ansprache am 20. Januar 2014 drückt er seine Dankbarkeit für ihren Dienst aus, „vor allem für den, den ihr auf dem Petersplatz leistet: bei Kälte, bei Hitze, bei Regen, bei Wind, immer ... Das zählt sehr viel!“

Der Superpapst

In typischer Superman-Pose, mit emporgereckter Faust und wehendem weißem Umhang, in der Hand eine Aktentasche mit der Aufschrift „Valores“ (spanisch für „Werte“): das ist Super-Franziskus. Dieses besondere Graffito ziert Ende Januar für eine knappe Woche lang eine Hauswand in der Nähe des Vatikans. Der Päpstliche Rat für Soziale Kommunikationsmittel twittert ein Foto des Bildes an seine 86.000 Follower. Zahlreiche Touristen fotografieren es oder posieren gleich selbst vor der Wand für ein Erinnerungsfoto.

Signiert ist das Bild mit „Maupal“, der Künstlername des italienischen Straßenkünstlers Mauro Pallotta. In einem Gespräch mit der italienischen Online-Zeitung „BlitzQuotidiano“ erzählt er, wie er auf die Idee gekommen ist, den Papst mit Superkräften zu zeichnen, der diese „als einziger Führer in der Welt einsetzt, um Gutes zu tun“: beim Blättern in einem Superman-Comic, wobei gleichzeitig im Fernsehen ein Beitrag über Franziskus lief. Pallotta betont, dass sein Bild „ein umweltfreundliches und ablösbares Graffito“ sei: nicht direkt auf die Hauswand gesprüht, sondern auf Papier. Nach wenigen Tagen wird das Bild über Nacht von einem Unbekannten übertüncht. So einfach allerdings sind einem „Superpapst“ die Kräfte sicher nicht zu rauben ...

Internet ist ein „Geschenk Gottes“

Der Papst ein Internet-Fan? Das klingt ungewöhnlich, tun sich doch Menschen seines Jahrgangs oft etwas schwer mit den neuen Medien. Zum „Tag der Medien“ am 24. Januar 2014 überrascht Franziskus mit überaus modernen Ansichten: Das Internet sieht er als „ein Geschenk Gottes“, weil es „größere Möglichkeiten der Begegnung und der

Solidarität untereinander bietet“. Wenn er betont, dass die Kirche sich hinaus auf die Straße begeben müsse, so meint er damit auch die digitalen Straßen.
Allerdings weiß Franziskus, welch rauer Ton zuweilen im Internet herrscht und dass Menschen einander das Leben auch auf digitalen Wegen schwermachen können. Darum bittet er um mehr Menschlichkeit: „Auch diese Welt ist aufgefordert, Zärtlichkeit zum Ausdruck zu bringen.“ Sein Wunsch: Das Internet soll kein Netz aus Leitungen sein, sondern ein Netz aus Menschen.

Papa Was a Rolling Stone

Das US-Musikmagazin “Rolling Stone” ist nicht gerade für Berichte über Kirche und Religion bekannt. Normalerweise zieren Stars der populären Musik von Rock bis Hip Hop das Cover der Zeitschrift. Dass im Januar 2014 der Papst etwas schelmisch vom Titelblatt herunterlächelt, ist eine kleine Sensation und zeigt: Franziskus spricht unterschiedlichste Menschen an; er wird wahrgenommen.
Zugegeben: Der Artikel ist alles andere als ausgewogener Journalismus; Vatikansprecher Lombardi bezeichnet ihn zu Recht als oberflächlich. Zu platt

ist der Vergleich, der zwischen Franziskus und Benedikt XVI. gezogen wird; letzterer wird als „mürrischer Akademiker“ und traditionalistischer Hardliner geschmäht. Trotzdem ist es bemerkenswert, dass Franziskus inzwischen eine solche Popularität genießt, dass in einem Musikmagazin auf religiöse Inhalte eingegangen wird. Überschrieben ist der Artikel mit einer Zeile aus einem Bob-Dylan-Song „The Times They Are A-Changin‘“ („Die Zeiten ändern sich“).

Klima der Offenheit und Herzlichkeit

Für ganze fünf Tage empfängt Franziskus Ende Januar 2014 die österreichischen Bischöfe zum „ad limina“-Besuch. Mal in kleineren Gruppen, mal mit allen zusammen besprechen sie aktuelle Fragen, darunter auch schwierige Themen wie die Situation wiederverheirateter Geschiedener. Wie Kardinal Christoph Schönborn berichtet, herrscht dabei ein „Klima der Offenheit und Herzlichkeit“. Franziskus hat ein offenes Ohr und fragt, wie er die Bischöfe in ihrer Arbeit unterstützen kann. Untergebracht sind sie im Gästehaus Santa Marta, wo sie Franziskus schon am Abend vor dem eigent-

lichen Beginn des Besuchs beim Abendessen treffen.
Nach dem Besuch resümiert Kardinal Schönborn: „Der Eindruck, den er auf mich gemacht hat, lässt mich nicht los. Franziskus ist einfach unglaublich sympathisch.“ Ein Glücksfall sei dieser Papst, aber zugleich „eine große Herausforderung“. Er vermittle allen das Gefühl, bedingungslos angenommen zu sein. Die Herausforderung besteht für Schönborn darin, „dass wir es selbst leben! Dass wir selbst Nähe und Barmherzigkeit schenken.“ Von Franziskus lernen – gar nicht so einfach?

Dienstweg abgekürzt

Immer wieder stellt man fest: Franziskus hält sich nicht an den Dienstweg. Anfang Februar „trifft“ es Hans Stapel, einen deutschen Franziskaner, der seit 1972 in Brasilien arbeitet. Ihn beruft Franziskus als Berater in den Päpstlichen Rat für die Laien – ohne ihm jedoch vorher Bescheid zu sagen. Pater Stapel: „Für mich eine große Überraschung, diese Ernennung, denn ich hatte damit nicht gerechnet und wusste auch nichts davon. Aber es ist für mich eine Freude, zu sehen, wie die Kirche weitergeht, gerade was die Laien betrifft.“ Ähnlich überrascht waren kurz vorher schon einige künftige Kardinäle, die von ihrer Nominierung durch den Papst erst durch die Presse erfuhren.

Benedikt: „Ich bete für Franziskus"

Ein wenig verwundert es, dass der emeritierte Papst an den Tübinger Theologen Hans Küng, einst einer seiner schärfsten Kritiker, Briefe schreibt. Offensichtlich wiegen die früheren Differenzen im Alter nicht mehr schwer. In einem Interview mit der italienischen Zeitung „La Repubblica" berichtet Küng vom aktuellen Brief Benedikts und liest ein paar Stellen daraus vor. „Ich bin dankbar dafür", schreibt Benedikt XVI., „dass mich eine herzliche Freundschaft und gleiche Ansichten mit Papst Franziskus verbinden." Und er berichtet, wie er seine Rolle als „Papst emeritus" sieht: „Meine einzige und letzte Aufgabe ist es, sein Pontifikat im Gebet zu unterstützen."

Papst-Harley versteigert

Ganze sieben Monate hat sie in der Garage gestanden. Zumindest hat nie jemand Franziskus auf der

Harley Davidson, die ihm im Juni zum Jubiläum des Herstellers geschenkt wurde, durch Rom brausen sehen. Was der „Papst der Armen“ wohl mit einem solchen Nobel-Motorrad anfangen solle, hatte sich sicher der ein oder andere damals gefragt. Nun hat Franziskus eine hervorragende Idee: Er schenkt die Harley der Caritas, die sie versteigert. Um den Wert noch zu erhöhen, signiert Franziskus den Tank der Maschine. Der Erlös soll für die Renovierung einer Obdachlosen-Herberge in Rom verwendet werden. Geschätzt wird der Wert der Maschine auf 12.000 bis 15.000 Euro. Dass sie dann für 241.500 Euro unter den Hammer kommt, freut deshalb nicht nur den Papst.

Päpstliche Ehetipps

Ein Novum am 14. Februar 2014: Der Papst lädt Verlobte und Verliebte ein, die sich auf die Ehe vorbereiten. Der Einladung folgen kurzfristig so viele junge Menschen, dass die Veranstaltung von der Audienzhalle auf den Petersplatz verlegt werden muss. 20.000 Verliebte aus 28 Ländern kommen, um sich vom Papst segnen zu lassen. Vorher beantwortet Franziskus Fragen und gibt Tipps fürs Eheleben. „Wir wissen alle“, sagt er, „dass es keine perfekte Familie gibt, auch keinen perfekten Ehemann oder eine perfekte Ehefrau. Von einer perfekten Schwiegermutter ganz zu schweigen ..." Deshalb seien die Wörter „bitte", „danke" und „Entschuldigung" in einer Ehe besonders wichtig. „Es geht darum, mit Freundlichkeit in das Leben des anderen einzutreten. Oft ist es doch so, dass man auch in der Ehe wie mit schweren Bergstiefeln auftritt." Freundlichkeit ist also die Devise.

Valentinspost nach Straubing

Als der Postbote dem Ehepaar Kolfhaus aus Straubing zum Valentinstag einen dicken Briefumschlag mit vatikanischen Briefmarken überreicht, wundern sich die beiden zunächst nicht. Schließlich arbeitet ihr Sohn Florian seit 2009 im vatikanischen Staatssekretariat. Doch als sie den Umschlag öffnen, kommt ein ganz besonderer Valentinsgruß zum Vorschein: Er stammt von Papst Franziskus. Auf Italienisch steht da: „Den Eheleuten Reinhard und Rosemarie Kolfhaus übermittle ich ganz innige Glückwünsche und erteile ihnen von Herzen einen besonderen Apostolischen Segen, in den ich sehr gerne auch ihren Sohn, Don Florian, einschließe." Wahrscheinlich, so vermutet

Rosemarie Kolfhaus, wollte der Papst einfach den Eltern eines Mitarbeiters eine Freude machen. Die Überraschung ist gelungen!

Ein neuer Reisepass

Verwirrung stiftet kurzfristig ein neuer Reisepass des Papstes, ausgestellt am 14. Februar 2014. Ein argentinischer Pass, wohlgemerkt. Franziskus meldet sich einige Tage vorher selbst beim argentinischen Botschafter in Rom, weil er einen neuen Personalausweis und Reisepass braucht. Er bittet ausdrücklich darum, keine Sonderbehandlung zu bekommen. Sein Anliegen solle den ganz normalen Verwaltungsweg gehen. In Rom lässt er sich für das Passbild fotografieren, leistet seine Unterschrift und lässt den nötigen Fingerabdruck nehmen. Der argentinische Innenminister Florencio Randazzo ist begeistert, dass der Papst bewusst als Argentinier reisen wolle. Im Vatikan ist die Begeisterung nicht ganz so groß. Rasch dementieren Vatikanvertreter die Annahme, der Papst trete seine nächsten Reisen als Argentinier an. Nicht mehr als eine „freundliche Geste“ gegenüber seiner Heimat sei das, denn selbstverständlich habe Franziskus einen Diplomatenpass und reise als Oberhaupt des Vatikans!

Das schönste Geschenk zum 107.

Sr. Candida Bellottis Augen strahlen. 107 Jahre ist sie an diesem 20. Februar geworden. Die Kamillianerin ist damit die älteste Ordensfrau der Welt. „Ich hätte kein größeres Geschenk bekommen können als dieses: meinen Geburtstag mit Papst Franziskus zu feiern!“, sagt sie glücklich.

Ihren Geburtstag begeht sie mit einer Messe im Gästehaus St. Marta, zelebriert von Papst Franziskus. Bereits zehn Päpste hat sie erlebt. Franziskus gefällt ihr besonders: „Er ist die richtige Person für unsere Zeit.“ Nach der Messe ist sie allerdings zu gerührt, um mit ihm zu sprechen. Stattdessen schneidet sie ihren Geburtstagskuchen an. Der hat die Form der Zahl 107, vielleicht weil 107 Kerzen darauf gar keinen Platz gefunden hätten.

Ein Überraschungsgast

Am 22. Februar 2014 nimmt Franziskus in einem Konsistorium 19 neue Kardinäle in das Kardinalskollegium auf. Zu dem Gottesdienst kommt auch ein Überraschungsgast: Benedikt XVI. Es ist sein erster offizieller Auftritt seit seinem Amtsverzicht etwa ein Jahr zuvor. Die Kardinäle sind sichtlich überrascht und empfangen den emeritierten Papst mit Applaus. Franziskus, der seinen Vorgänger nicht zum ersten Mal zu einem Gottesdienst eingeladen hat, macht bei seinem Einzug in den Petersdom einen kleinen Umweg, um Benedikt zu begrüßen. Der nimmt sein weißes Scheitelkäppchen ab, zieht also quasi „den Hut" vor Franziskus. Die beiden umarmen sich herzlich. Mit einer schöneren Geste hätte das Konsistorium nicht beginnen können!

„Vom Papst empfohlen!"

Es muss etwas dran sein an dem, was Kardinal Walter Kasper schreibt. Wenn man Lektüreempfehlungen aus den Worten des Papstes heraushört, fällt jedenfalls der Name Kasper immer wieder einmal. Schon beim Konklave im März 2013 hatte Kardinal Kasper sein Buch „Barmherzigkeit" dem späteren Papst Kardinal Bergoglio zum Lesen gegeben. Bei seinem ersten Angelus lobt Franziskus das Buch, das ihm sehr „gut getan" habe, fügt aber rasch hinzu: „Doch glaubt jetzt nicht, dass ich Werbung für die Bücher meiner Kardinäle mache!" Diese Warnung kommt zu spät. Der Verlag bewirbt das Buch ab sofort mit den Worten „Vom Papst empfohlen!“. Beim Konsistorium im Februar 2014 dann ein erneutes Lob für Kasper. Vor versammelter Mannschaft lobt der Papst die „tiefe Theologie“ einer Arbeit von Kardinal Kasper, die er am Tag zuvor gelesen habe, „vor dem Einschlafen, aber um nicht einzuschlafen“, wie Franziskus betont.

Papst auf Hochglanz

Ausgerechnet den Aschermittwoch hat sich der Verlag Mondadori als Erscheinungsdatum für ein neues Hochglanzmagazin gewählt. Der Verlag, der Silvio Berlusconi gehört und sonst eher Klatschblätter herausbringt, wagt sich auf neues Gebiet. „Il mio Papa“ (Mein Papst) ist die weltweit erste Zeitschrift, die sich ausschließlich dem Papst widmet. Für 50 Cent ist das Wochenblättchen zu haben, die Startauflage: drei Millionen Exemplare. Neben vielen großen Fotos und kurzen Sprüchen, die die Botschaft von Franziskus in gut verdaubare Häppchen zerlegen, gibt es in jeder Ausgabe ein doppelseitiges Papst-Poster. Paparazzi-Fotos sind nicht geplant, verspricht Chefredakteur Aldo Vitali. Er habe sich sogar mit Vatikansprecher Federico Lombardi abgestimmt, der ihm noch einige

Tipps geben konnte. Er wolle keinen Klatsch und Tratsch verbreiten, sondern „mit dem allergrößten Respekt“ für Franziskus arbeiten.
Auf die Idee zu dem Papst-Magazin ist Vitali beim Spaziergang mit seinen Hunden gekommen, als er überlegte: „Wer ist die Person, die alle verbindet? Der Mensch, den alle mögen? Die Antwort war sehr schnell klar: der Papst.“

IV. Kleine Gesten, grosse Wirkung

„Franziskus stillt eine tiefe Sehnsucht nach Ehrlichkeit, Treue und Zuwendung, lässt die Menschen mit seiner Sprache und Gestik ein Stück von der selbstlosen Liebe Gottes erfahren.“

Notker Wolf

„Das ist etwas, was ich mir immer ein bisschen erhofft hatte: dass der Papst mit seinen Worten direkt im Herzen der Menschen ankommt, ohne Distanz, ohne Hindernisse.“

Federico Lombardi, Pressesprecher des Vatikans

„Papst Franziskus hat Zeichen gesetzt. Er spornt uns an, es ihm gleichzutun.“

Erzbischof Robert Zollitsch

Spontanes Gebet

Franziskus ist vielleicht nicht der große Theologe vom Rang eines Ratzinger, so die oft geäußerte Einschätzung von Vatikankennern, aber ein großer Seelsorger. Was das konkret bedeutet, erfahren 19 Häftlinge an einem Mittwoch Mitte Februar 2014 am eigenen Leib. Mit zwei Gefängnisseelsorgern kommen sie am frühen Morgen aus verschiedenen Haftanstalten in Pisa und Pianosa, um mit Erzbischof Lorenzo Baldisseri eine Messe in den vatikanischen Grotten unterhalb des Petersdoms zu feiern.

Als Franziskus davon erfährt, besteht er darauf, die Häftlinge in der Casa Santa Marta, wo er wohnt, zu empfangen. Eine Dreiviertelstunde nimmt er sich Zeit für ein gemeinsames Gebet und Gespräche mit jedem einzelnen Häftling. Er segnet und ermutigt die Männer. Erzbischof Baldisseri beschreibt die Begegnung als „wunderschön und sehr bewegend“.

Unkonventionelle Handy-Botschaft

Papst Franziskus bedient sich zuweilen ungewöhnlicher Formen der Kommunikation, Hauptsache authentisch. Seine Botschaft an eine Konferenz der Pfingstgemeinden in Texas ist besonders unkonventionell. Normalerweise werden päpstliche Botschaften nur vom Vatikan veröffentlicht. Doch diese Botschaft wird als ein etwas verwackeltes Smartphone-Video aufgenommen. Anthony Palmer, ein evangelikaler Bischof, den Franziskus noch aus seiner Zeit in Buenos Aires kennt, ist zu Besuch im Gästehaus Santa Marta. Im dortigen Arbeitszimmer filmt er Papst Franziskus mit seinem Smartphone.

Die zentrale Botschaft des Papstes – und es ist deutlich zu sehen, wie sehr sie ihm am Herzen liegt – ist der Wunsch nach einer Überwindung der Kirchenspaltungen. Franziskus hat seine Botschaft nicht schriftlich vorbereitet; er spricht frei, was ihm spontan einfällt. Für die Trennung in verschiedene Konfessionen, sagt er, sind „wir alle" verantwortlich, keiner außer Gott ist frei von Schuld. Er ruft dazu auf, einander als Brüder und Schwestern zu begegnen. Am Ende bittet er die evangelikalen Christen, für ihn zu beten, und segnet sie „von Bruder zu Bruder."

Das 7-minütige Video wird bei der Konferenz auf einem großen Bildschirm gezeigt. Die Zuschauer sind sichtlich bewegt, und sie beten tatsächlich für den Papst – in evangelikalen Kreisen ist das ein Novum. An den Reaktionen der Pfingstler wird deutlich, warum dieser Papst so erfolgreich ist: „Er spricht ganz deutlich mit einem gütigen Herzen; dem kann man nur schlecht widerstehen."

Urlaub gestrichen?

Castel Gandolfo ist in der offiziellen Liste der schönsten Dörfer Italiens aufgeführt. Kein Wunder, dass Päpste in dem idyllischen Ort am Albaner See gern die Sommermonate verbracht haben. Mit 55 Hektar ist es ein stattlicher Sommersitz, sogar größer als der Vatikan selbst. Ab 1624 hatte Papst Urban VIII. hier seine Sommervilla erbauen lassen. Die Aussicht ist grandios – an klaren Tagen kann man bis zum Meer blicken.

Verunsichert sind die Bewohner des Ortes allerdings, als Franziskus im Sommer 2013 den Urlaub ausfallen lässt. Schließlich ist der Papst-Tourismus eine der Haupteinnahmequellen für die knapp 10.000 Einwohner. Es scheint, dass Franziskus auch in Zukunft auf die Sommervilla verzichten möchte. Stattdessen gibt er die päpstlichen Gärten Anfang März 2014 für Besucher frei. Wunderschön gestaltete Gärten und Brunnen und sogar die Reste eines römischen Amphitheaters können nun von jedermann besichtigt werden. Zumindest kommt damit der Tourismus nicht ganz zum Erliegen. Flanieren wie ein Papst – diese Aussicht dürfte einige Besucher anlocken.

Ein ganz normaler Mensch

In einem Interview mit dem Chefredakteur der Tageszeitung „Corriere della Sera" erzählt Franziskus von seinem ersten Jahr als Papst. Dabei wird deutlich: Der Rummel um seine eigene Person und der idealisierende „Papst-Franziskus-Mythos" sind ihm höchst suspekt. Konkret bezieht er sich auf das Papst-Superman-Graffito, das einige Tage lang eine Hausecke in Rom zierte und in den Medien um die Welt ging. Ein Star sei er nämlich ganz und gar nicht, sagt Franziskus klar und deutlich. „Der Papst ist ein Mensch, der lacht, weint, ruhig schläft und Freunde hat wie alle. Ein normaler Mensch."

„Ich mache den Pfarrer"

Als Franziskus im Interview mit dem „Corriere" nach seiner Gewohnheit gefragt wird, Menschen, die ihn um Hilfe bitten, direkt anzurufen, erzählt er, dass er dies als Dienst verstehe. Besonders gern telefoniere er mit einer 80-jährigen Frau, die ihm geschrieben habe, weil sie ihren Sohn verloren hatte. Nun rufe er sie einmal im Monat an. „Ich mache den Pfarrer. Das gefällt mir."

Leider schreiben ihm inzwischen so viele Menschen, dass dieser Dienst für ihn schwieriger geworden sei, sagt Franziskus mit Bedauern. Tatsächlich erreichen ihn rund 2000 Briefe täglich. Sie kommen aus aller Welt. Ciro Benedettini, der Vizedirektor des vatikanischen Presseamts, weiß zu berichten: „Fast alle fügen ihre Telefonnummer hinzu in der Hoffnung, dass der Papst sie anruft."

Das „Papst-Team"

Eigentlich sollte der neue Fußballklub in Luján, einer kleinen Stadt 75 Kilometer von Buenos Aires entfernt, nach dem Erfolgsverein Real Madrid benannt werden. Doch dann, so Klubpräsident Jorge Ramirez, habe er gemerkt: Papst Franziskus passt viel besser. Schließlich ist die soziale Arbeit mit Straßenkindern eine wesentliche Aufgabe des Klubs, der nun tatsächlich „Deportivo Papa Francisco“ (Sportklub Papst Franziskus) heißt. Am 22. März 2014 startet er in seine erste Saison in der sechsten argentinischen Liga. Der Etat ist nicht eben üppig, die Hoffnungen der Sportler aber umso größer. Im schwarz-gelben Vereinswappen führen sie ein Kreuz.

Franziskus gesteht einen Diebstahl

Eigentlich spricht Franziskus über das Thema Barmherzigkeit in der Seelsorge, als er die Priester Roms zu Beginn der Fastenzeit 2014 in der Audienzhalle trifft. Doch dann erzählt er eine persönliche Anekdote und gesteht einen Diebstahl, den er in den 90er Jahren begangen hat.

Damals war er Generalvikar in Buenos Aires, und sein Beichtvater war gestorben. Als er in die Krypta kam, wo der alte Priester aufgebahrt war, sah er, dass es keinen Blumenschmuck gab. Bergoglio ging zum nächsten Blumenhändler, kaufte Rosen und begann, die Bahre damit zu schmücken. „Da habe ich den Rosenkranz gesehen, den er in den

Händen hielt. Und dann ist der kleine Dieb in mir erwacht, der ja in uns allen steckt, oder? Und während ich dort die Blumen verteilte, habe ich das Kreuz vom Rosenkranz abgemacht." Dabei habe er den Verstorbenen angesehen und gedacht: „Gib mir die Hälfte deiner Barmherzigkeit!"
Dieses Kreuz, so berichtet Franziskus, trage er bis heute immer bei sich. Der Gedanke an den barmherzigen Priester stärkt ihn, wenn ihm „ein böser Gedanke" gegen andere kommt.

Mit der Kurie in den Wald

Den ersten Jahrestag seines Pontifikats begeht Franziskus nicht mit Feierlichkeiten im Vatikan, sondern in den Albaner Bergen. Hierher zieht er sich mit der Spitze der Kurie zu Fastenexerzitien zurück. Nun sind diese Exerzitien in der ersten Woche der Fastenzeit zwar Tradition, neu ist aber die Art und Weise: Franziskus ist der erste Papst, der dem Vatikan dabei bewusst den Rücken kehrt. Statt wie bisher nach den täglichen Predigten im Apostolischen Palast einfach wieder an den Schreibtisch zurückzueilen, nehmen die etwa 80 Kurienmitarbeiter nun eine echte Auszeit für Stille, Meditation und Gebet.

Ziel der gemeinsamen Reise im Bus ist die Casa Divin Maestro, ein kirchliches Bildungshaus mitten im Wald nahe des kleinen Städtchens Areccio, das etwa 25 Kilometer südlich von Rom liegt. Exerzitienmeister ist nicht wie bisher ein Kardinal, sondern ein einfacher römischer Stadtpfarrer. Eine Woche mit dem Papst im Wald – diese Erfahrung schweißt mit Sicherheit zusammen.

Zu Fuß unterwegs

Wie schützt man einen Papst, der zu Fuß zur Arbeit geht? Diese Frage beschäftigt den Polizeipräfekten des Vatikans. Zwischen dem Gästehaus Santa Marta, wo Franziskus wohnt, und dem Apostolischen Palast oder der Audienzhalle sind es zwar nur wenige hundert Meter. Dennoch kann da jeder den Papst einfach ansprechen. Ein Sicherheitsrisiko, findet der Polizeipräfekt und ordnet an, dass die Straßen für Autos und Menschen gesperrt werden, wenn der Pontifex unterwegs ist. Der geht zu Fuß, weil sein Arzt ihm wegen Gelenkproblemen Bewegung empfohlen hat. Dass dabei andere ganz einfach Zugang zu ihm haben, ist für ihn aber kein unangenehmer Nebeneffekt, sondern gewollt. Er will ansprechbar sein, nicht abgeschottet von den Menschen. Franziskus verbietet kurzerhand die Maßnahmen zu seinem persönlichen Schutz – und seitdem kann man ihn wieder auf der Straße treffen.

An die Damen und Herren Mafiosi

In einem ungewöhnlichen Appell wendet sich Papst Franziskus an die Akteure des organisierten Verbrechens. Bei einem Gedenkgottesdienst für die Opfer der Mafia, den er mit 900 ihrer Angehörigen in der römischen Pfarrei San Gregorio VII. feiert, sagt er am Ende seiner bewegten Ansprache, den „großen Abwesenden" dieses Abends, „den Männern und Frauen von der Mafia" wolle er auch noch etwas sagen: „Ich bitte euch, ändert euer Leben, bekehrt euch, hört auf, das Böse zu tun! Und wir beten für euch: bekehrt euch. Darum bitte ich euch auf Knien." Noch sei Zeit, so der Papst, nicht in der Hölle zu landen. Zur Gebetsvigil trägt Franziskus die Stola von Giuseppe Diana, einem von der Maffia ermordeten Geistlichen.

Wenn Obama Kraft braucht

Barack Obama, den Franziskus am 27. März 2014 zu einer Privataudienz empfängt, gilt als Bewunderer des Papstes. Bei passender Gelegenheit zitiert er ihn in seinen Reden, beispielsweise wenn es um die wachsende Kluft zwischen arm und reich geht: „Diese Ungleichheit kommt am meisten in unserem Land zum Ausdruck." Bei der Privataudienz sprechen sie über den Kampf gegen Armut und aktuelle weltpolitische Krisen. Ein „joviales und herzliches Gespräch sei es gewesen", ist man sich hinterher einig. Am Schluss werden Geschenke ausgetauscht. Franziskus bekommt Samen für Früchte und Gemüse aus dem Garten des Weißen Hauses. Obama erhält im Gegenzug geistige Nahrung: ein gedrucktes Exemplar des Apostolischen Schreibens „Evangelii Gaudium". Der US-Präsident freut sich tatsächlich und meint, er werde es im Oval Office lesen, „wenn ich einmal wieder frustriert bin und Kraft brauche."

Lachen im Beichtstuhl

Jeder Mensch ist ein Sünder, auch der Papst. Franziskus hätte diese Botschaft nicht eindrücklicher übermitteln können als mit einer Geste, die als Foto sofort um die Welt geht: Zu Beginn einer groß angelegten Buß-Aktion, bei der er mit anderen Priestern im Petersdom Gläubigen die Beichte abnimmt, geht er zunächst selbst zu einem Beichtstuhl, kniet davor nieder und beichtet öffentlich. Dabei ist zu sehen, dass der Papst und sein Beichtvater auch lachen. Zuvor hatte Franziskus zur Umkehr eingeladen und die Priester ermahnt, sie dürften kein „Hindernis" für die Beichte der Gläubigen sein. Viele Menschen hätten Schwierigkeiten damit, ihre Sünden vor einem anderen zu bekennen. Der Bußgottesdienst im Petersdom eröffnet die Initiative „24 Stunden für Gott", bei der weltweit Beichte und eucharistische Anbetung im Mittelpunkt stehen.

Kein Aprilscherz

Dass der Papst immer wieder Interviews gibt, lässt eine Gruppe belgischer Jugendlicher auf eine Art

Schnapsidee kommen: Lasst uns ein Interview mit dem Papst machen! Sie können es kaum glauben, als der Papst ihrer spontanen Anfrage zustimmt, und fragen sich, ob das ein verfrühter Aprilscherz sein könnte. Doch es ist wahr, einen Tag vor dem 1. April findet das Interview statt. Die jungen Belgier – manche von ihnen Christen, andere nicht – bereiten gemeinsam die Fragen vor, dann reisen fünf von ihnen in den Vatikan. Aufgeregt sind sie, denn sie werden nicht nur die Fragen stellen, sondern sie filmen auch selbst. Ausgestrahlt wird ihr Film dann im belgischen Fernsehen.

„Let's go!", sagt Franziskus zu Beginn, los geht's. Es wird viel gelacht bei dem Interview. Auf die erste, noch etwas ungläubige Frage, warum er ihrer Anfrage überhaupt zugestimmt habe, sagt er: „Wenn Jugendliche Fragen haben, möchte ich antworten." Denn Fragen, die einen umtreiben, sind wie ein Same, der wachsen und Frucht bringen könne. Ob der Papst glücklich sei, wie er bete, was ihm Angst mache, welche Fehler er in seinem Leben gemacht habe, wollen sie wissen. Auf Letzteres antwortet Franziskus, er sei stur und irre sich immer wieder. Doch obwohl er dickköpfig sei, habe er gelernt, anderen zuzuhören.

Am Ende überreichen sie dem Papst ein T-Shirt in den Farben der belgischen Fußballnationalmannschaft und fragen nach einer Prognose, wer die nächste WM gewinnt: Belgien oder Argentinien? Das habe er bereits mit der brasilianischen Präsidentin geklärt, scherzt Franziskus. Die habe ihm eröffnet, dass natürlich die Brasilianer gewinnen. Als die Jugendlichen nach dem Abschied mit herzlichen Umarmungen wieder draußen auf der Straße stehen, löst sich die Spannung. Aufgeregt wie ein Hühnerhaufen reden sie durcheinander: „Wir waren beim Papst!" „45 Minuten Interview!" „Wir durften alles fragen, was wir wollten!"

Ein Deal mit dem Papst

Ein kleines Evangelienbuch immer dabeizuhaben, in der Jackentasche oder der Handtasche, und dann unterwegs täglich einen kurzen Abschnitt daraus zu lesen – das empfiehlt Franziskus bei einem Angelus im März 2014 seinen Zuhörern. Aber bei guten Ratschlägen bleibt es nicht. Anfang April lässt er diesen Worten Taten folgen und verschenkt beim Angelus auf dem Petersplatz mehrere Tausend Taschen-Evanglien, die die Päpstliche Druckerei extra für diesen Anlass produziert hat. „Nehmt es, tragt es mit euch, und lest es jeden Tag." Allerdings erbittet er auch eine Gegenleistung für das Geschenk, macht also eine Art Deal mit den

Gläubigen: Sie sollen im Gegenzug für einen Nachbarn beten oder sich mit jemandem versöhnen.
Später an diesem Tag besucht er die Pfarrei San Gregorio Magno an der südlichen Peripherie von Rom. Das Viertel ist ein sozialer Brennpunkt; in der Pfarrei wird viel für Flüchtlinge, ehemalige Häftlinge und Suchtkranke getan. Auch hier verschenkt Franziskus die kleinen Taschen-Evanglien und sagt: „Lest darin, wenn ihr Schlangestehen müsst oder im Bus fahrt."

Heiße Eisen

„Papst erlaubt Kommunion für Wiederverheiratete" titeln die Zeitungen im April 2014. Das heiße Eisen fasst Papst Franziskus in einem Telefongespräch mit einer Argentinierin an – und prompt hat Vatikansprecher Lombardi alle Hände voll zu tun, um wieder zurückzurudern. Nach katholischer Lehre ist die Lage klar: Der Empfang der Kommunion ist für wiederverheiratete Geschiedene nicht möglich. Da birgt diese Nachricht natürlich jede Menge Zündstoff.
Was ist passiert? Die Argentinierin Jakelin Lisbona ist seit etwa 20 Jahren mit Julio Zabeta zivil verheiratet; die beiden haben zwei Kinder. Für Julio ist es

allerdings die zweite Ehe. Das Paar geht regelmäßig in die Kirche; die Kommunion wird ihnen aber verweigert. Da schreibt Jakelin Lisbona an Papst Franziskus und schildert ihre Situation. Einige Monate vergehen, dann ruft Franziskus die Argentinierin an und – so berichtet sie es einem argentinischen Radiosender – rät ihr, einfach in einer anderen Pfarrei die Kommunion zu empfangen. Eine offizielle Stellungnahme will der Vatikan dazu nicht abgeben. „Persönliche pastorale Gespräche" des Papstes hätten keine Konsequenzen für kirchliche Lehrfragen, lässt Lombardi etwas hilflos verlauten. In Vatikankreisen stellt sich nun der ein oder andere die Frage, ob man diesem Papst das Telefonieren nicht besser verbieten solle.

Akzente in den Kartagen

Rund um Ostern ist das Programm des Papstes besonders dicht; Pilger aus aller Welt drängen sich in Rom, die Stadt platzt fast aus den Nähten. Franziskus setzt da ganz unaufgeregt eigene Akzente. Sorgte er im Jahr zuvor noch für Irritation, als sich unter den zwölf Personen bei der Fußwaschung an Gründonnerstag Muslime befanden, so nimmt das an seinem zweiten Gründonnerstag als Papst

die Öffentlichkeit sehr viel gelassener hin. Ein Therapiezentrum für behinderte Menschen am Stadtrand Roms sucht sich Franziskus diesmal für die traditionelle Fußwaschung aus. Junge und alte Menschen sind dabei, auch diesmal ein Muslim und Frauen.
Aufhorchen lässt auch, wer die Meditationen für den Kreuzweg am Kolosseum verfasst: Es ist ein bekannter Mafia-Gegner, der Erzbischof Giancarlo Maria Bregantini. Das Kreuz wird unter anderem von Migranten, Obdachlose und Gefängnisinsassen getragen.

Sprache ist nicht alles

Federico Lombardi hat als Vatikansprecher die zugegebenermaßen nicht ganz leichte Aufgabe, die Botschaften des Papstes nach außen zu kommunizieren und eventuelle Missverständnisse aufzuklären. Wie er bei einem kirchlichen Medienkurs Ende April zugibt, steht er dabei immer wieder vor Rätseln. Er sei „perplex", wie undeutlich sich Papst Franziskus manchmal ausdrücke. Was er sagt, lasse sich oft in ganz unterschiedliche Richtungen interpretieren. Das Apostolische Schreiben „Evangelii Gaudium" sei ihm im Zweifelsfall eine

Hilfe, sagt Lombardi, wenn er wieder einmal nicht wisse, was der Papst genau meine.
Eine zweite Sache, die den versierten Vatikanmitarbeiter staunen lässt: Während Johannes Paul II. und Benedikt XVI. sich in mehreren Sprachen auszudrücken verstanden, kommt Franziskus mit nur zwei Sprachen aus, nämlich Italienisch und Spanisch. Trotzdem sei er ein „herausragender Kommunikator", gibt Lombardi zu und resümiert: Sprache ist zwar wichtig, aber eben nicht alles. Man kann durchaus auch auf andere Art kommunizieren. Dafür dass eine Botschaft auch ohne viele Worte in aller Welt verstanden werden kann, ist Papst Franziskus der beste Beweis.

Taufe für Marsmännchen

Für Franziskus ist jeder in der Kirche willkommen. Geradezu überirdisch weit reißt er die Türen der Kirche bei einer Morgenmesse Anfang Mai in der Casa Santa Marta auf, als er sagt: „Wenn morgen eine Expedition von Marsmännchen käme, zum Beispiel – grün, mit langer Nase und großen Ohren, so wie Kinder sie malen –, und eines von ihnen bittet um die Taufe, was würde dann passieren?" Auch diesem kleinen grünen Männchen dürfe die

Taufe nicht verweigert werden, so der Papst. Mit dem ungewöhnlichen Bild eines Marsmännchens am Taufbecken gibt Franziskus seine Antwort auf eine aktuelle Debatte darüber, ob Kindern die Taufe verweigert werden sollte, wenn sich ihre Eltern von der Kirche distanzieren. Falls also demnächst irgendwo eine fliegende Untertasse landet, könnte es sein, dass da auch auf den Pfarrer Arbeit zukommt.

Die Franziskus-Bibliothek

Die Lieblingsbücher des Papstes werden ab Mai 2014 als 20-bändige „Franziskus-Bibliothek" herausgegeben. Erhältlich sind sie über einen Zeitraum von 20 Wochen jeweils mit einer Ausgabe der Zeitung „Corriere della Sera".

Schmökern mit dem Papst – die Idee ist gar nicht so abwegig. Schließlich war Bergoglio Mitte der 60er Jahre Lehrer für Literatur am Jesuitenkolleg seiner Heimat. Die Liste seiner Lieblingsautoren ist bunt und international: Dostojewski ist dabei, Friedrich Hölderlin, der argentinische Schriftsteller Jorge Luis Borges, der italienische Dichter Nino Costa und natürlich der Gründer des Jesuitenordens, Ignatius von Loyola. Die Vorworte werden jeweils von Weggefährten des Papstes verfasst.

Neuerung bei Fußball-WM

Bei der Fußball-WM im Sommer 2014 gibt es eine Neuerung. Das Besondere: Die Idee dazu stammt von Papst Franziskus. Als er im November 2013 den Präsidenten des Weltfußballverbandes Sepp Blatter zu einer kurzen Privataudienz empfängt, berichtet Blatter von einem aktuellen Projekt: ein Spiel zwischen der palästinensischen und der israelischen Mannschaft. Franziskus findet das gut und meint, der Fußball könne noch mehr für den Frieden tun.

„Wir haben dann festgelegt, dass bei der nächsten WM in Brasilien 2014 ein konkretes Zeichen gesetzt wird", berichtet Blatter. „Franziskus wollte, dass man einen Olivenbaum auf dem Feld einpflanzen sollte. Das darf man aber wegen der Fifa-Regeln nicht machen. Dann sagte er, dass wir doch eine Friedentaube fliegen lassen sollten. Und das wird nun auch gemacht." Geplant ist, dass die Friedenstaube vor dem Eröffnungsspiel auf dem Spielfeld fliegen gelassen wird.

Der Papst und die Katzen

Vor der Reise von Papst Franziskus ins Heilige Land laufen die Sicherheitsvorbereitungen in Jordanien, Israel und den palästinensischen Gebieten auf Hochtouren. Hoffentlich passiert nichts, hört man immer wieder besorgte Stimmen. „Was die Sicherheit angeht, ist dieser Heilige Vater ein großes Problem“, gibt Pater David Neuhaus zu, der für die Medienkoordination des Papstbesuchs zuständig ist.

Fouad Twal, der Lateinische Patriarch von Jerusalem meint dagegen leicht zynisch: „Wir müssen nicht um die Sicherheit fürchten; Israel verpasst uns davon die notwendige Dosis, um nicht zu sagen eine Überdosis.“ 8000 Soldaten sollen den Papst in Jerusalem beschützen, über 300 Beobachtungskameras sind positioniert, Straßen- und Ausgangssperren machen Jerusalem zu einer Geisterstadt. Als Einwohner der Altstadt befürchten, Franziskus werde in den Straßen nur noch von Katzen begrüßt, kommentiert ein israelischer Sicherheitsbeamter: „Draußen wird es auch keine einzige Katze geben.“

Die Chemie stimmt

Auf seiner Reise ins Heilige Land begleiten Franziskus zwei Freunde aus Argentinien: der Rabbiner Abraham Skorka und der Muslim Omar Abboud. Abraham Skorka kennt er schon viele Jahre. Ihren christlich-jüdischen Dialog veröffentlichen sie sogar in Buchform. Skorka, der Rektor des lateinamerikanischen Rabbinerseminars in Buenos Aires, berichtet, dass sie dabei „ein tiefes Verständnis“ füreinander entwickelt haben. Eine nette, wenn auch nebensächliche Übereinstimmung am Rande: Beide sind ausgebildete Chemiker, auch wenn Skorka, der promovierte Chemiker, weitaus höher qualifiziert ist als Bergoglio, der in jungen Jahren gerade einmal die Ausbildung zum Chemietechniker abgeschlossen hat. Man könnte sagen: Die Chemie stimmt.

Mauern niederbeten

Für viele ist es später das einprägsamste Bild der Papstreise. Auf dem Weg zum Krippenplatz in Bethlehem, wo er die Heilige Messe feiern wird, lässt Papst Franziskus spontan das Papamobil halten und steigt aus dem Wagen, um an einer Mauer, die Israel von den Palästinensergebieten trennt, still zu beten. Die etwa acht Meter hohe mit Stacheldraht bewehrte Betonmauer ist mit Graffiti besprüht: „Free Palestine“ steht dort, und: „Pope, we need someone to speak about justice“ („Papst, wir brauchen jemanden, der über Gerechtigkeit spricht“). Eine Hand und die Stirn an den Betonwall gelehnt, mit gesenktem Kopf und geschlossenen Augen – so steht Franziskus betend an dieser Mauer.

„Kommt in mein Haus!“

Bereits zwei Stunden nach seiner Ankunft im Heiligen Land sorgt Papst Franziskus für eine besondere Überraschung: Vor dem Gebet des Regina Coeli lädt er den Palästinenserpräsidenten Mahmud Abbas und den israelischen Staatspräsidenten Schimon Peres in den Vatikan ein, um gemeinsam mit ihnen für den Frieden zu beten. „Ich biete mein Haus im Vatikan an“, sagt er, „um dieses Gebetstreffen zu beherbergen.“ Das ist keine diplomatische Geste, sondern eine ganz persönliche.

Beide Präsidenten nehmen die Einladung an, und sehr rasch steht ein Termin fest: Schon wenige

Tage nach dem Ende der Papstreise, zum Pfingstsonntag 2014, findet das Gebetstreffen im Vatikan statt. Ob der Friedensprozess, der nach Vermittlungsversuchen der USA wenige Wochen zuvor ins Stocken geraten ist, dadurch wieder in Schwung kommt, wird zwar allgemein bezweifelt. Franziskus erläutert vor Journalisten, dass es ihm aber gar nicht um Friedensverhandlungen oder Vermittlungsversuche geht. Allerdings glaube er, „dass das Gebet wichtig ist und dass es hilft, zusammen ohne weitere Diskussionen zu beten.“ Der Papst ist sicher nicht der Einzige, der an die Kraft des Gebets glaubt.

Symbolische Choreographie

Die Grabeskirche ist die wichtigste christliche Kirche: Sie befindet sich an der überlieferten Stelle der Kreuzigung und des Grabes Jesu und wird von vielen unterschiedlichen Konfessionen und Kirchen genutzt, ja, beinahe umkämpft. Wem welcher Teil der Kirche „gehört“, wer wann und wo beten darf, all das ist bis ins Detail genau – sogar gesetzlich – geregelt. Wenn unterschiedliche Glaubensrichtungen gleichzeitig Gottesdienst feiern, geschieht das nicht selten gegeneinander, indem man einander mit Orgel oder lautem Gesang übertönt. 2008 hatte es in der Kirche sogar eine Prügelei zwischen armenischen und griechischen Mönchen gegeben. Das diplomatische Eis ist dünn. An der Ökumenischen Feier mit dem Papst nehmen Vertreter von etwa einem Dutzend verschiedener christlicher Kirchen teil, darunter Katholiken, Orthodoxe, Armenier, Lutheraner und Anglikaner. Jeder Teil der „Choreographie" ist dabei symbolisch aufgeladen. Patriarch Bartholomäus und Papst Franziskus betreten die Kirche durch unterschiedliche Eingänge, treffen sich in der Mitte und umarmen einander. Am Ende verlassen sie die Kirche gemeinsam. Beim Wortgottesdienst beten sie zum ersten Mal öffentlich das Vaterunser gemeinsam. Bei dem historischen Treffen zwischen Papst Paul VI. und Patriarch Athenagoras fünfzig Jahre zuvor war das noch nicht möglich gewesen.

Padre Nuestro

Mit der Klagemauer besucht Franziskus die wichtigste religiöse Stätte der Juden. Täglich kommen hierher Gläubige, um zu beten und Gebetszettel in die Mauerritzen zu stecken. Nach der Überlieferung werden hier, an den Überresten des Jerusalemer Tempels, auch die Gebete von Nichtjuden erhört. Papst Franziskus ist nicht der erste Papst, der einen Gebetszettel in der Klagemauer hinterlässt. Vor ihm haben das auch Johannes Paul II. und Benedikt XVI. getan.

Auf seinen Gebetszettel hat Papst Franziskus handschriftlich das Vaterunser in seiner Muttersprache Spanisch geschrieben. Mit ihm zusammen sind auch seine beiden argentinischen Reisebegleiter gekommen. Rabbi Abraham Skorka steckt ebenfalls ein Gebet in eine Mauerspalte. Es ist auf Hebräisch geschrieben und beginnt mit den Worten „Unser Vater im Himmel ...“ – angeblich hatten sich die beiden Freunde nicht abgesprochen.

Umarmung der Weltreligionen

In einer symbolischen Geste der drei Religionen umarmt Papst Franziskus an der Klagemauer seine beiden Reisebegleiter aus Argentinien: den Rabbiner Abraham Skorka und den Muslim Omar Abboud. Zu dritt stehen sie eng umschlungen vor der Mauer. Ihre Gesichter sieht man kaum, dafür fallen die recht ähnlichen Kopfbedeckungen ins Auge: das Pileolus des Papstes, die Kippa des Rabbis und die Takke des Muslims.

Es ist ein Bild, das um die Welt geht. Was wie eine spontane Geste echter Freundschaft daherkommt, ist sicher auch eine bewusste Aktion: Es soll ein Zeichen dafür sein, dass ein freundschaftliches Miteinander der Religionen möglich ist.
Omar Abboud, der Generalsekretär des Interreligiösen Zentrums in Buenos Aires, kennt Franziskus schon seit 2002. Ihm ist natürlich bewusst, dass nicht überall auf der Welt der interreligiöse Dialog so gut funktioniert wie in seiner Heimat Argentinien. Von dort war er im Februar 2014 mit einer argentinischen Reisegruppe aus Juden, Muslimen und Christen ins Heilige Land gefahren. Auf dem Rückweg hatten sie Papst Franziskus im Vatikan besucht. Der ließ sich von der Aktion wohl inspirieren und sagte zu Abboud: „Lass uns zusammen ins Heilige Land fahren.“ So gehörte der Muslim überraschend zur päpstlichen Delegation.

V. Best of Franziskus

„Franziskus ist voller Energie, voller Tempo, voller Humor. Er ist authentisch, Seine Worte bewegen und reißen mit.“

Reinhard Kardinal Marx

„Papst Franziskus ist ein Pionier der angstfreien Kommunikation in der Kirche. Von dieser Haltung des Papstes geht eine große Ermutigung an alle Gläubigen aus.“

Alois Glück, Präsident des Zentralkomitees der deutschen Katholiken

„Er formuliert ganz spritzig, unkonventionell – und das tut unserer Kirche gut.“

Bischof Gebhard Fürst

Wirbel machen

„Ich möchte euch sagen, welche Wirkung ich vom Weltjugendtag erhoffe: Ich hoffe, dass es einen Wirbel gibt. Hier wird es einen Wirbel geben, ja, den wird es geben. ‚Que acá en Río va a haber lío, va a haber.' – ‚In Rio wirst du was erleben, da wird es einen Wirbel geben.' Aber ich will, dass ihr auch in den Diözesen Wirbel macht, ich will, dass man hinausgeht, ich will, dass die Kirche auf die Straßen hinausgeht, ich will, dass wir standhalten gegen alle Weltlichkeit, Unbeweglichkeit, Bequemlichkeit, gegen den Klerikalismus und alles In-sich-verschlossen-sein. Die Pfarreien, die Schulen, die verschiedenen Einrichtungen sind da, um hinauszugehen ... wenn sie es nicht tun, werden sie eine NRO (Nichtregierungsorganisation), und die Kirche darf nie eine NRO sein. Die Bischöfe und Priester mögen mir verzeihen, wenn einige nachher Verwirrung stiften. Es ist ein Rat. Danke für das, was ihr tun könnt."

Begegnung mit Jugendlichen aus Argentinien beim Weltjugendtag, 25. Juli 2013

Schlichtheit ist für alle nötig

Philip Pullella (Reuters): „Sie leben sehr schlicht, sind in Santa Marta geblieben ... Wollen Sie, dass Ihre Mitarbeiter, auch die Kardinäle, diesem Beispiel folgen und eventuell in Gemeinschaft leben, oder ist das etwas nur für Sie?"
Papst Franziskus: „Ich könnte nicht alleine im Palazzo wohnen ... Das päpstliche Appartement ist nicht luxuriös! Es ist weitläufig, es ist groß, aber es ist nicht luxuriös. Doch ich kann nicht alleine leben oder mit einem kleinen Grüppchen! Ich brauche Menschen, muss Menschen begegnen, mit den Menschen sprechen. Und darum habe ich, als die Jungen aus den Jesuitenschulen mich nach dem Warum gefragt haben ... geantwortet: ‚Aus psychiatrischen Gründen, einfach weil ich das psychologisch nicht schaffe.' Jeder muss sein Leben so führen, wie es seiner Art zu leben und zu sein entspricht. Die Kardinäle, die in der Kurie arbeiten, leben nicht in Reichtum und Prunk ... Jeder muss so leben, wie es der Herr von ihm verlangt. Doch die Schlichtheit – eine allgemeine Schlichtheit –, glaube ich, ist für uns alle nötig, die wir im Dienst der Kirche arbeiten. Es gibt viele Nuancen der Schlichtheit ... jeder muss seinen eigenen Weg suchen."

Pressekonferenz auf dem Rückflug vom WJT in Brasilien,
28. Juli 2013

Den Großvater im Hause haben

Pablo Ordas (El Pais): „Wir möchten wissen, welches Ihre Arbeitsbeziehung zu Benedikt XVI. ist und ob Sie häufig Kontakt haben und er Ihnen bei dieser Arbeit hilft."

Papst Franziskus: „Es gibt etwas, das meine Beziehung zu Benedikt kennzeichnet: Ich habe ihn sehr gern. Ich mochte ihn immer. Für mich ist er ein Mann Gottes, ein demütiger Mann, ein Mann, der betet. Ich war sehr glücklich, als er zum Papst gewählt wurde. Auch als er zurückgetreten ist, war das für mich ein Vorbild an Größe! ... Nur ein Großer tut das! Er wohnt jetzt im Vatikan, und einige sagen mir: ‚Aber wie geht das? Zwei Päpste im Vatikan! Steht er dir nicht im Weg? Schürt er nicht eine Revolution gegen dich?'

Es ist wie den Großvater im Hause zu haben – aber den weisen Großvater ... Er ist ein so vorsichtiger, besonnener Mann! Er mischt sich nicht ein. Ich habe ihm viele Male gesagt: ‚Heiligkeit, empfangen Sie [Besuche], leben Sie Ihr Leben, kommen Sie zu uns!' Sehen Sie, dieser Satz sagt alles: Für mich ist es, wie den Großvater im Hause zu haben – meinen Vater. Wenn ich eine Schwierigkeit hätte oder etwas, das ich nicht verstanden habe, dann würde ich anrufen: ‚Aber, sagen Sie mir, kann ich das so machen?' Als er in der Abschiedsrede am 28. Februar zu uns sprach, hat er gesagt: ‚Unter euch ist der nächste Papst: Ich verspreche ihm Gehorsam.' Das ist wirkliche Größe – er ist ein Großer!"

Pressekonferenz auf dem Rückflug vom WJT in Brasilien, 28. Juli 2013

Wer bin ich, ihn zu verurteilen?

Ilze Scamparini: „Ich möchte um Erlaubnis bitten, eine etwas heikle Frage zu stellen: Wie ist die ganze Frage der Gay-Lobby anzugehen?"
Papst Franziskus: „Ach, es wird so viel über die Gay-Lobby geschrieben ... Ich glaube, wenn jemand sich einem solchen Menschen gegenüber sieht, muss er das Faktum, ‚gay' zu sein, von dem Faktum unterscheiden, daraus eine Lobby zu machen. Denn die Lobbys – alle Lobbys – sind nicht gut ... Wenn einer gay ist und den Herrn sucht und guten Willen hat – wer bin dann ich, ihn zu verurteilen? Der Katechismus der Katholischen Kirche erklärt das sehr schön, aber er sagt: Halt! Diese Menschen dürfen nicht an den Rand gedrängt werden, sie müssen in die Gesellschaft integriert werden. Das Problem liegt nicht darin, diese Tendenz zu haben, nein, wir müssen Brüder und Schwestern sein, denn das ist nur ein Problem von vielen. Das

eigentliche Problem ist, wenn man aus dieser Tendenz eine Lobby macht: Lobby der Geizhälse, Lobby der Politiker, Lobby der Freimaurer – so viele Lobbys. Das ist für mich das schwerwiegendere Problem. Und ich danke Ihnen sehr, dass Sie diese Frage gestellt haben.“

Pressekonferenz auf dem Rückflug vom WJT in Brasilien,
28. Juli 2013

„Verbeulte“ Kirche

„Brechen wir auf, gehen wir hinaus, um allen das Leben Jesu Christi anzubieten! ... Mir ist eine ‚verbeulte‘ Kirche, die verletzt und beschmutzt ist, weil sie auf die Straßen hinausgegangen ist, lieber, als eine Kirche, die aufgrund ihrer Verschlossenheit und ihrer Bequemlichkeit, sich an die eigenen Sicherheiten zu klammern, krank ist. Ich will keine Kirche, die darum besorgt ist, der Mittelpunkt zu sein, und schließlich in einer Anhäufung von fixen Ideen und Streitigkeiten verstrickt ist.“

Apostolisches Schreiben „Evangelii Gaudium“, 49

Gott preisen ist komplett gratis!

„Wir loben Gott für seine Größe, weil er groß ist! Wir sagen ihm schöne Dinge. ‚Ach Pater, ich kann das nicht ...‘ Aber wie, brüllst du denn nicht, wenn deine Fußballmannschaft ein Tor schießt, und dann kannst du nicht den Herrn laut preisen? Kannst du nicht ein wenig hinaustreten aus deinem gesetzten Verhalten, um zu singen? Gott zu preisen ist komplett gratis! Nicht bitten, nicht danken: preisen wir!“

Morgenmesse in der Casa Santa Marta, 28. Januar 2014

Die christlichen Fledermäuse

„Manche Christen fürchten sich, anstatt sich an der Auferstehung Jesu zu erfreuen. Seid keine christlichen Fledermäuse, sondern freut euch! Seinem Licht folgen und nicht seinem Schatten!“

Morgenmesse in der Casa Santa Marta, 24. April 2014

Kirche hat keine Türschließer

„Wenn der Herr uns den Weg zeigt, wer sind wir dann, dass wir sagen könnten: Nein, Herr, nicht da entlang, das ist nicht vernünftig? ... Ein schönes Wort für Bischöfe, Priester, auch für Christen im Allgemeinen: Wer sind wir denn, dass wir Türen schließen dürften? In der alten Kirche gab es das Amt des Türöffners – der ließ die Leute eintreten. Aber ein Amt des Türschließers hat es in der Kirche nie gegeben!"

Morgenmesse in der Casa Santa Marta, 12. Mai 2014

Demut und Solidarität

„Es ist besser, das Wort ‚Solidarität' aus dem Wörterbuch zu streichen, weil es stört. Aber wir dagegen, wir sagen: Das ist der Weg: Demut und Solidarität. Warum? Haben wir Priester sie erfunden? Nein! Es kommt von Jesus: Er hat es gesagt! Und wir wollen diesen Weg gehen. Die Demut Christi ist kein Moralismus, kein Gefühl. Die Demut Christi ist real, sie ist die Entscheidung, gering zu sein, bei den Geringen zu sein, bei den Ausgegrenzten, mitten unter uns zu sein, die wir alle Sünder sind.

Achtung, das ist keine Ideologie! Es ist eine Form des Daseins und des Lebens, die von der Liebe ausgeht, vom Herzen Gottes ausgeht."

Begegnung mit Strafgefangenen und armen Menschen beim Pastoralbesuch in Cagliari am 22. September 2013

Ohne Eitelkeit

„Einige brüsten sich, tun sich wichtig mit den Armen; einige gebrauchen die Armen für eigene Interessen oder die ihrer Gruppe. Ich weiß, das ist menschlich, aber es ist nicht in Ordnung! Das ist nicht das, was Jesus tut! Und ich sage noch mehr: Es ist eine Sünde! Es ist eine schwere Sünde, denn es bedeutet, die Notleidenden, jene die Not leiden, die das Fleisch Jesu sind, für meine Eitelkeit zu gebrauchen. Ich gebrauche Jesus für meine Eitelkeit, und das ist eine schwere Sünde! Diese Personen bleiben besser zu Hause!"

Begegnung mit Strafgefangenen und armen Menschen beim Pastoralbesuch in Cagliari am 22. September 2013

Eingelegte Pfefferschoten

„Die christliche Gesundheit ist die Freude! Einmal sagte ich, es gebe Christen mit einen Gesichtsausdruck, als hätten sie auf eine eingelegte Pfefferschote gebissen. Immer so ein Gesichtsausdruck ...! Das sind keine Christen. Ein Christ ohne Freude ist kein Christ. Das ist unser Siegel, die Freude. Auch im Schmerz, im Leid und auf der Flucht."

Morgenmesse in der Casa Santa Marta, 22. Mai 2014

Einladung zum Friedensgebet

„An diesem Ort, wo der Friedensfürst geboren wurde, möchte ich an Sie, Herr Präsident Mahmoud Abbas, und an Herrn Präsidenten Shimon Peres eine Einladung richten, gemeinsam mit mir ein intensives Gebet zu erheben und von Gott das Geschenk des Friedens zu erflehen. Ich biete mein Haus im Vatikan an, um dieses Gebetstreffen zu beherbergen."

Ansprache zum Regina Coeli in Bethlehem am 25. Mai 2014

Den Frieden kann man nicht kaufen

„Wie sehr braucht die Welt uns als Boten des Friedens, als Zeugen des Friedens! ... Den Frieden kann man nicht kaufen, er wird nicht feilgeboten. Der Friede ist ein Geschenk, das man geduldig suchen und „von Hand" aufbauen muss durch kleine und große Handlungen, die unser alltägliches Leben einbeziehen.

Der Weg zum Frieden festigt sich, wenn wir erkennen, dass wir alle das gleiche Blut haben und Teil des Menschengeschlechts sind; wenn wir nicht vergessen, dass wir einen einzigen Vater im Himmel haben und alle seine Kinder sind, geschaffen als sein Abbild, ihm ähnlich."

Heilige Messe im „Amman International Stadium" am 24. Mai 2014

Keine Museen

„Die heiligen Stätten sind keine Museen oder Sehenswürdigkeiten für Touristen, sondern Orte, an denen die Gemeinschaften der Gläubigen ihren Glauben, ihre Kultur und ihre wohltätigen Initiativen leben. Darum müssen sie ständig in ihrem sakralen Charakter geschützt werden; so wird nicht nur das Erbe der Vergangenheit bewahrt, sondern auch die Menschen, die sie heute besuchen und in Zukunft besuchen werden."

Ansprache zum Höflichkeitsbesuch beim Staatspräsidenten Israels im Präsidentenpalast in Jerusalem, 26. Mai 2014

Jorge Mario Bergoglio – Franziskus

1936	Jorge Mario Bergoglio wird in Buenos Aires, Argentinien, geboren
	Ausbildung zum Chemietechniker
1956	Eintritt in das diözesane Priesterseminar
1958	Eintritt in den Jesuitenorden
1958-1963	Noviziat in Córdoba, Argentinien, geisteswissenschaftliches Grundstudium in Chile, Studium der Philosophie in San Miguel, Argentinien
1964-1966	Lehrer für Literatur und Psychologie am Jesuitenkolleg in Santa Fé und Buenos Aires
1967-1970	Theologiestudium in San Miguel, Argentinien
1969	Priesterweihe
1971-1971	Tertiat, letzte Ausbildungsstufe im Jesuitenorden, in der Nähe von Madrid in Spanien
1973-1979	Provinzial des Jesuitenordens in Argentinien
1980-1986	Rektor des Colegio Máximo San José in San Miguel, Theologieprofessor

	der Fakultäten für Philosophie und Theologie
1985	Zweimonatiger Sprachkurs am Goethe-Institut in Boppard, Deutschland
1986	Studienaufenthalt an der Philosophisch-Theologischen Hochschule Sankt Georgen in Frankfurt am Main
1986-1992	Seelsorger in Buenos Aires und Córdoba, Argentinien, als Spiritual und Beichtvater
1992	Ernennung zum Weihbischof in Buenos Aires, Bischofsweihe
1998-2013	Erzbischof von Buenos Aires
2001	Erhebung zum Kardinal, Generalrektor der 10. Ordentlichen Bischofssynode
2005-2011	Vorsitzender der Argentinischen Bischofskonferenz
2013	13. März: Wahl zum Papst
2013	5. Juli: 1. Enzyklika „Lumen fidei"
2013	22.–29. Juli: Reise zum XXVIII. Weltjugendtag in Rio de Janeiro
	24. Juli: Eucharistiefeier im Nationalheiligtum Unserer Lieben Frau von Aparacida
	24. Juli: Besuch im Sankt-Franziskus-Hospital
	25. Juli: Besuch im Armenviertel Varginha

26. Juli: Kreuzweg mit den Jugendlichen auf der Strandpromenade der Copacabana
27. Juli: Gebetswache mit den Jugendlichen
28. Juli: Eucharistiefeier zum XXVIII. Weltjugendtag

2013 7. September: Tag des Fastens und Betens für den Frieden in Syrien

2013 24. November: das Apostolische Schreiben „Evangelii Gaudium" wird veröffentlicht

2014 26.–28. Mai: Pilgerreise ins Heilige Land
26. Mai: Heilige Messe im Internationalen Stadion von Amman, Jordanien
Besuch der Taufstelle Jesu am Jordan
27. Mai: Heilige Messe in Bethlehem
Ökumenische Feier zum 50. Jahrestag der Begegnung von Papst Paul VI. und Patriarch Athenagoras in Jerusalem
28. Mai : Besuch der Klagemauer und der Holocaust-Gedenkstätte Yad Vashem in Jerusalem
Heilige Messe im Abendmahlssaal in Jerusalem

2014	8. Juni: gemeinsames Friedensgebet mit Schimon Peres und Mahmud Abbas im Vatikan